El libro de las chicas

Sylvia Schneider

EL LIBRO DE LAS CHICAS

Crecer y ser adulta

Traducción de Mabel Rodríguez

Círculo de Lectores

Índice de materias

El amor

La sexualidad

En camino

En forma

El despertar

¿Quién puede ayudarme?

El despertar

Ahora te encuentras inmersa en una etapa muy especial de tu desarrollo. Te encuentras en camino de convertirte en una persona adulta, en una mujer. Notarás que no sólo cambias físicamente, sino también que otras cosas se vuelven muy distintas, algunas incluso cómicas. Los cambios más importantes proceden del hecho de que despierta tu sexualidad, lo que conlleva transformaciones corporales, pero también un despertar sentimental. Antes que nada, te vas a alejar sentimentalmente de tus padres para dirigirte hacia otras personas. Y también quieres realizar cada vez más cosas por ti misma. Tus padres quieren protegerte y guiarte para que pases más fácilmente por este período. Es un deseo normal y positivo de su parte. Pero tú tendrás sobre todo la impresión de que ese deseo está en contradicción con tus propios intereses y deseos, lo que puede engendrar una serie de conflictos. La gran mayoría de los problemas que te preocupan son los que se encuentran los adolescentes en el camino hacia su propia personalidad. Lo más importante para ti es comprender qué sucede dentro de ti y por qué reaccionas de esa forma. Ahí es donde quiere ayudarte este libro. Quiere responder a las preguntas importantes que te haces e intentar tranquilizarte. Porque la mayoría de las cosas en la vida se vuelven más sencillas si una sabe qué sucede. Las chicas viven su pubertad de diferente forma que los chicos. Estos se desarrollan física y sentimentalmente a su manera y viven su sexualidad de forma diferente, pues tienen otra concepción de las cosas de la vida. Es por lo que este libro va únicamente destinado a las chicas. Naturalmente, los chicos también pueden leerlo, si quieren saber cómo sucede en las chicas. Y lógicamente tú encontrarás también aquello que quieras saber sobre los chicos.

Hacerse adulto es una aventura apasionante, necesariamente estresante, ya que en ciertos momentos te verás superada por sensaciones y hechos nuevos. ¡Hay tantas cosas por descubrir! Tendrás la impresión de que tu vida es como una película. Considera lo que te sucede como algo totalmente normal y disfrútalo, porque en la vida ya nunca vas a tener la oportunidad de saborear todas esas transformaciones –físicas, psíquicas y sentimentales– y de despertarte a nuevas posibilidades sin ser inmediatamente responsable de ello.

La fuente secreta de vuestra alma tiene
que emerger
y correr susurrando hacia el mar.
Y el tesoro de vuestras profundidades infinitas
quiere ser revelado a vuestros ojos.
Pues el yo es un mar sin límites y sin medidas.
El alma se despliega como los numerosos
pétalos de una flor de loto.

Yo

¿Es normal, a los 14 años, no haber comenzado todavía mi pubertad?

Sí, totalmente. Cada una tiene su propio ritmo.

¿Cómo va a cambiar la pubertad mi existencia?

Se volverá más excitante y, al mismo tiempo, más difícil.

¿Por qué me encuentro con tanta frecuencia sola?

Crees estar sola, pero no lo estás.

¿Por qué, de pronto, todo lo que mis padres dicen me parece estúpido?

Porque te estás formando tu propia opinión de las cosas.

Yo no me comprendo a veces

Estás aprendiendo a comprenderte.

¿Las otras chicas tienen tanto miedo al futuro como yo?

Sí, y eso es totalmente normal. Los adultos también reaccionan de esa manera.

¿Mis amigas no tienen mejor aspecto que yo?

No te inquietes. ¡Tú eres única!

¿Por qué me siento como un patito feo?

Porque para ciertas cosas tú resultas muy mayor, mientras que para otras apenas estás despertando.

¿Por qué sucede que mi mal humor me influye tanto?

Porque todavía tienes que aprender a vivir con las emociones negativas.

¿Por qué ya nadie me quiere?

Es lo que tú te crees. Siempre hay alguien dispuesto a ayudarte.

¿Qué pasa dentro de mí en la pubertad?

Es la fase de la vida en la que te haces adulta. No sólo te conviertes en una mujer completa, capaz de tener un niño, sino que también maduras psíquicamente, lo que viene unido a muchos cambios en tu vida. Así, te gustaría cortar definitivamente el cordón umbilical, comienzas a tener tus propias opiniones, te enamoras, esperas con impaciencia al gran amor de tu vida. Brevemente: te vuelves adulta y quieres comportarte como tal.

Es la primera vez en tu vida que eres consciente de tu evolución y te gustaría dirigirla. Esa situación es nueva, tanto para tus padres como para ti y trae, inevitablemente, tensiones y crisis en tus relaciones con la familia. Lo que, finalmente, se revelará positivo para ti pues te prepara para aceptar tus responsabilidades.

En general, esta fase comienza hacia los 11 años y termina hacia los 18. En las chicas, empieza uno o dos años antes que en los chicos. En los países industrializados, este período comienza más pronto que en otros y, sobre todo, más que en los países subdesarrollados. También en nuestro país, la pubertad comenzaba más tarde: hace un siglo, no era raro tener la regla a los 16 años. No se conoce la razón exacta de este fenómeno. Es muy probable que el comienzo de la pubertad, dependa de una serie de factores. Los especialistas piensan, por ejemplo, que una alimentación suficientemente rica y unas condiciones de vida favorables son responsables del comienzo de una pubertad precoz. El estrés juega también un papel. El factor hereditario es igualmente un elemento determinante, ya que se ha contrastado que el proceso de evolución sigue con frecuencia el mismo esquema en los miembros de una misma familia. Y esos factores deben influirse los unos a los otros.

Nada puede dejar prever si tu pubertad comenzará a los 10 o a los 15 años. Las dos edades son totalmente normales y no hay ninguna razón para preocuparte si tu evolución es muy rápida o particularmente lenta.

¿Por qué de golpe todo es tan distinto?

Te despiertas una buena mañana y todo te parece diferente, tanto tú como el mundo a tu alrededor. Cuando te conviertes en mujer, cambian muchas cosas en ti y en tu entorno. Algunos cambios se producen muy lentamente y tienes tiempo de acostumbrarte. Otros, parece como si cayeran sobre ti de golpe y te sientes completamente avasallada. La pubertad es un período de transición: tu vida se vuelve más compleja, al hacerte más independiente. La mayoría de las personas piensan que los cambios más importantes son de orden físico, al ser los más visibles. Pero lo que más te preocupa son los cambios anímicos que están relacionados con ellos y que van unidos directamente al hecho de hacerte adulta.

Y este período comienza en cada chica en un momento diferente. Nada deja prever cómo vas a reaccionar a esos cambios, ya que no depende únicamente de la rapidez de tu evolución física, sino también de tu carácter, de tus aptitudes, de tu entorno y de tu postura con respecto a esos cambios.

Tú ya puedes constatar que un determinado número de tus amigas y amigos posiblemente se encuentren en otra fase de evolución que tú y resuelvan sus problemas de manera diferente a ti. Mientras tú te interesas por un chico de la clase paralela, quizá tu mejor amiga todavía juegue con muñecas. O tu compañera de clase ya tiene unos pechos bien desarrollados, mientras tú eres totalmente «plana». Puede ser que te encuentres a ti misma completamente horrible, torpe y patosa, mientras que tu prima, de tu misma edad, se comporta como una mujer. Es la razón por la que frecuentemente te sientes sola durante la adolescencia. Incluso con tus padres, por primera vez en tu vida, tendrás verdaderas dificultades. Muchas de las cosas que te digan te resultarán insoportables. Comenzarás a encontrar a tu madre un tanto desfasada. Por lo menos, ésa es la impresión que tú tienes. Y, en consecuencia, te sentirás todavía más sola.

Ahora tienes tu propia opinión sobre muchas cosas. Te das cuenta con frecuencia de que no hay una sola forma de vivir la vida, la de tus padres, sino que hay muchas otras y que a ti te corresponde encontrar la mejor. La adolescencia no es un período de medias verdades y de compromisos. Quieres conocer todo al detalle y es importante para ti ser consecuente en el pensar y en el hacer. Tu horizonte se ensancha diariamente y descubres infinidad de cosas. Pero tendrás que aprender a vivir con el hecho de que, de vez en cuando, te embargarán inexplicables cambios o reacciones anímicas. Ni siquiera tú misma sabrás, a veces, qué te sucede.

Humor, ¿rosa o negro?

En la adolescencia, frecuentemente te encontrarás irascible y malhumorada y te gustaría mandar a paseo a cualquiera que te hable de ello. Pero de vez en cuando, todo el mundo tiene sentimientos desagradables. Nadie está siempre de buen humor. Sabes, por experiencia, que tus padres o tus profesores están a veces de mal humor y explotan con facilidad. Es necesario aprender a vivir con semejantes sensaciones, aunque no siempre se consigue tan bien como una desea.

Otros días, por el contrario, resplandeces de ganas de vivir y de hacer cosas nuevas. Te gustaría recorrer el mundo y descubrir todas las cosas que lo forman. Arrastras a otros con tu alegría y te ríes de tal forma con tus amigas que un extraño podría preguntarse si estás en tus cabales. Si, en ese estado de ánimo, te encuentras con chicos, probablemente te hallarán irresistible.

Esos saltos de humor se deben a las hormonas que se están formando en tu cuerpo. Mientras la formación de hormonas no haya encontrado su equilibrio, tendrás que soportar esas sensaciones de montaña rusa. Por otro lado, «sientes» sencillamente más, comienzas a sentirte a ti misma. A veces, probablemente no te comprenderás. Tus emociones pueden confundirte y agitarte. Pueden ser maravillosas y agradables, pero también infundirte temor y golpearte de tal forma que apenas puedas imaginarte cómo seguir adelante. Una puede estar consternada por su propio malhumor y sus consecuencias.

La mayoría de los adolescentes se encuentran regularmente confrontados a ese caos de sensaciones.

Notan, de pronto, que algunos sentimientos pueden estar muy próximos el uno del otro, que se puede amar y detestar simultáneamente, que se puede estar celosa y, a la vez, ser tú misma infiel, montar en cólera y ser tierna al mismo tiempo. Serás llevada y traída entre el deseo de estar cuanto antes sobre tus propios pies y, por otro lado, un cierto miedo a esa independencia que deseas. Eso te estresará y puede llevarte a que te alejes de algunas personas, o bien a crear tensiones continuas donde te pongas, sin razón, al borde de las risas o de las lágrimas. Es suficiente, a veces, escuchar una canción en la radio para ponerte alegre o triste.

Cada una debe aprender a vivir con sus sentimientos. Con los buenos, no es difícil, pero eso puede ser muy problemático con aquellos que lo son menos porque, con frecuencia, son tan violentos que deben ser exteriorizados de una u otra forma. Lo mejor es poder hablar con alguien. Puedes confiar tus penas y tus alegrías a un diario íntimo o escribir poemas, historias o incluso pintar cuando te encuentres en un estado de ánimo determinado. Ciertas adolescentes, que no saben cómo deshacerse de sus sentimientos negativos, como la ira, el miedo, los celos o las penas de amor, los vuelven contra ellas y duermen poco, comen demasiado o no lo suficiente, actúan de manera irreflexiva drogándose, terminan cayendo enfermas o se vuelven violentas. Tú lo notarás fácilmente en los adultos que no han aprendido a convivir con sus altibajos. Muchas úlceras de estómago, enfermedades de la mujer o dolores de cabeza tienen ahí su origen.

Aparentemente se trata de algo paradójico. Es como si una se volviera adulta de la noche a la mañana, cuando todavía se es una niña. Por un lado, eso significa una cierta independencia y libertad, pero, por otro, también el tener que asumir responsabilidades. Así que es muy natural que te sientas sola y completamente desorientada. Si las personas de tu entorno te toman en serio y comprenden que se trata de cosas muy importantes para ti, pueden ayudarte. Pero si esas personas se sienten desbordadas ante tu evolución, eso no hará más que agravar la situación. Y tendrás todavía más la impresión de que no te comprende nadie y que tus padres no te quieren como antes.

Cuanto más confrontada estés con la realidad exterior, sin la protección de tus padres, más experiencias negativas tendrás. Intentarás un montón de cosas que no siempre serán coronadas por el éxito. No debes permitirte el desánimo. Y aunque te moleste el dicho de que «la práctica hace al maestro», tiene su justificación. Y es en esos momentos cuando una se quisiera encontrar en el calor de la familia.

Pero, ¿quién soy yo en realidad?

Todas esas sensaciones que te atormentan, ocultan la pregunta que te haces continuamente: ¿quién eres tú realmente, dónde te llevará tu camino y qué sentido tiene todo? A veces, tendrás la sensación de ser espectadora en una película donde tú tienes el principal papel. ¿Cuántas veces, cuando eras pequeña, no te habías mirado en el espejo y habías hecho muecas? Ahora, sin embargo, tienes la impresión de verte por primera vez. Y apenas si te reconoces.

El hecho de que cambies físicamente juega también

un importante papel. Tu apariencia física te interesa más que antes. Te fijas, por primera vez, en una serie de detalles –en tus ojos, tu cabello, tu silueta–. Ante otros, te comportas como un individuo único, completamente independiente de tus padres. Y las ideas comienzan a dar vueltas en tu cabeza.

Durante toda la vida, se continuará evolucionando. El ser humano no deja de cambiar, no se detiene nunca. Eso es bueno en sí, ya que si no hubiera nada más que aprender, nada más que descubrir, la vida sería mortalmente triste. Pero es en la adolescencia cuando tienen lugar los cambios decisivos en la evolución de la personalidad.

Y es cierto que en ti suceden muchas cosas a la vez. Aunque tu personalidad se haya acuñado de niña, ahora aparecen otros rasgos de tu carácter. Y, sobre todo, es tu opinión personal la que se desarrolla, lo mismo que tu propia concepción de la existencia.

Al principio tendrás dificultades para imaginarte en qué clase de adulta te convertirás. Y eso es también lo que ocurre en tu entorno. Tu familia y tus amigos te ven cambiar con asombro, haciéndose preguntas y, con frecuencia, sin comprender muy bien qué sucede. Ellos también tienen dificultades para descubrir qué camino vas a seguir. Pero tú debes pasar tus propias experiencias y sacar las conclusiones. Y por eso, tú también debes tener una cierta dosis de tolerancia en lo que concierne a las observaciones de tus padres. No las hacen para molestarte ni para ponerte piedras en el camino.

¿Qué clase de mujer voy a ser?

«Espejito, espejito, dime ¿quién es la más bella de todo el país?» Seguro que conoces esta frase del libro de Blancanieves. La reina quiere estar siempre segura de que ella es la más bella. Aunque ya es la más poderosa, la más rica, la más admirada, no le es suficiente. Le falta la certeza de ser la más bella y es por lo que interroga sin cesar a su espejo, que le asegura: «Tú eres la más hermosa del país». Pero enseguida la duda la asalta de nuevo, cree que otra mujer la supera en belleza, tiene miedo de perder el primer lugar, de dejar de ser la más bella y la más amada.

Y el peligro viene de Blancanieves. Inmediatamente la reina decide combatirla y, si es necesario, matarla para seguir siendo la más hermosa.

Esto no es más que un cuento, pero ofrece un reflejo bastante justo de lo que todavía sucede en las chicas jóvenes y en las mujeres modernas: le dan una importancia enorme al hecho de ser bellas, atractivas, esbeltas y tener un *look* moderno.

Desgraciadamente, alcanzar ese ideal no siempre es fácil y, con frecuencia, cuesta mucho tiempo, dinero y esfuerzo.

Nuestra cultura está literalmente obsesionada por ese ideal. Todavía, desgraciadamente, se asocia el valor de una mujer a su aspecto físico. Y se libra una lucha abierta contra todas esas redondeces, que aparecen durante el ciclo bajo los efectos de las hormonas. El ideal es un cuerpo delgado con pequeñas curvas en el lugar adecuado. El ejemplo es la muñeca Barbie, un ser humano que corresponda a normas artificiales y no a una mujer de carne y hueso. Esa imagen es reforzada aún más por los maniquíes que nos muestran las revistas para mujeres o para adolescentes: resaltan nuestros defectos para proponernos, en la página siguiente, cremas muy caras, trucos para mantenerte esbelta, nuevos peinados, vestidos a la moda y regímenes que nos harán perder nuestros kilos superfluos.

Finalmente, las chicas jóvenes y las mujeres llegan a creer, bajo la influencia de los medios de comunicación, que las que pueden tener una cierta notoriedad en la sociedad son las esbeltas, bellas y que sigan las novedades. Los «valores interiores» o las características personales de una mujer ya no son tenidas en cuenta. Y eso mina la confianza de las mujeres en sí mismas, confianza que ya no es su punto fuerte, llegando a tener la impresión de que pueden hacer lo que quieran e intentar mostrar su inteligencia, todo eso no servirá de nada si físicamente no se corresponde con las normas de belleza actual. Y así, ellas nunca podrán estar contentas consigo mismas y con sus vidas.

Esa lucha por alcanzar un ideal de belleza es también la consecuencia de una falta de autoestima. La mujer que no se guste tal como es, no se permitirá ningún defecto e intentará combatir su falta de autoestima por un reconocimiento procedente de fuera. Y llega a preguntarse si una mujer que no participe en toda esta mascarada vale algo. Y eso puede llevar a que las chicas se preocupen exclusivamente de su aspecto físico. Quieren, por todos los medios, parecerse lo más posible a la imagen de la mujer ideal, tal como la proponen los medios de comunicación. Y la única consecuencia de esta actitud es que una mujer no estará jamás satisfecha con su aspecto: su pecho no es bastante voluminoso, la nariz demasiado grande, sus piernas demasiado gruesas, los cabellos demasiado greñudos, el trasero demasiado plano, etc. Pero el ideal de belleza no corresponde a la realidad. Hay tantos tipos morfológicos diferentes que cada uno de ellos posee su propia belleza. No es demasiado divertido querer parecerse totalmente a las demás hasta el punto de no saber distinguir a una mujer de otra.

Es normal que sea en la adolescencia cuando las chicas sean atraídas por ese ideal de belleza. Se puede intentar todo, pero una nunca conseguirá ser tan hermosa como quisiera. En una misma, sólo se buscan los defectos y una se mira en las otras como en un espejo, se siente observada y juzgada continuamente. Las consecuencias dramáticas de esta búsqueda desesperada de la belleza son la anorexia y la bulimia (ver página 173 y siguientes).

No hay que creer que es anormal, en una mujer, el buscar ser bella o querer gustar. Lo importante es no pretender cambiar totalmente de aspecto por querer, cueste lo que cueste, parecerse a eso que se cree es la mujer ideal. Cada ser humano tiene una morfología diferente, una belleza totalmente personal y capacidades diferentes e individuales. Y los hombres tampoco son tan críticos como los imaginan las mujeres. No es necesario gastarse una fortuna para ser guapa a los ojos de un chico, no es indispensable dejarse morir de hambre o pasar un tiempo infinito arreglándose. Tú eres como eres y porque eres así, eres lo más bello que puedes ofrecer a alguien.

¿Puede una sentirse mal en su propia piel?

De niña, una siente su propio cuerpo como algo natural. Sin embargo, en la adolescencia comienzas a observarte a ti misma. Durante determinados períodos del crecimiento, todas las partes del cuerpo se desarrollan muy rápidamente y, por eso, los jóvenes, a veces, se sienten desarmonizados y torpes en sus movimientos. Puede suceder también que el físico evolucione más rápido que la psique. Y se pueden tener reacciones de niña en un cuerpo de adulta, aunque, después de un cierto tiempo, todo vuelve a su orden.

A muchas chicas jóvenes no les gustan sus cuerpos, incluso cuando se han transformado. Eso pasa porque están muy influidas por un ideal de belleza y quieren que su cuerpo corresponda a ese ideal, algo que, desgraciadamente, es imposible. El hombre y la mujer perfectos no existen porque, en definitiva, no hemos sido fabricados por una máquina. Y es necesario aprender a verse no con la mirada de los demás, sino con la propia. Aprender a aceptarse, a amarse. Esa es la solución. Pero, ¿cómo se consigue?

Para muchas es un verdadero problema, difícil de solucionar. Desde su primera niñez, el cuerpo de la niña debe de ser bello y se le anima en esa dirección, mientras que para los chicos, es la fuerza y la salud lo que cuenta. Una niña que es guapa escucha constantemente halagos sobre su belleza y se da cuenta enseguida de que el aspecto exterior prima para los demás. No se le deja la posibilidad de olvidarlo. Ninguna otra cualidad es tan valorada. Y todo lo demás es feo: lo que es más alto o más pequeño, con otras medidas, con otro pelo, de otro color de piel del que «debe ser». Feo es aquello que aprendemos a odiar o de lo que tenemos miedo. Y para ser honesta, seguramente tú ya habrás criticado el aspecto de otras chicas. Como quiera que sabemos cuánto nos duelen los comentarios malintencionados sobre nosotras, deberíamos tener mucho cuidado de los que hacemos. Es necesario que las chicas y las mujeres se apoyen mutuamente, pues esos comentarios llevan justamente a las chicas a no soportarse o no amar ya su cuerpo. Incluso a ser cuestionada su «feminidad». Esa imagen negativa que sacan de sus cuerpos, puede llevarlas a querer cambiar algo: desarrollar o reducir el tamaño de los pechos, operar la nariz para hacerla más pequeña, aclarar la piel, disminuir las nalgas. Eso explica el éxito de la cirugía estética. Pero no hay que olvidar que una nueva cara no cicatriza las viejas heridas.

Sólo si una se ama a sí misma, se puede comenzar a amar a los otros y tomar en serio el amor que los demás nos ofrecen. Cuando una chica ha llegado al punto de gustarse como es, de encontrarse bella y comportarse en consecuencia, entonces recibirá el reconocimiento que ya no dependerá de su aspecto físico. Lo bello es tener una meta en la vida e intentar alcanzarla con pasión y vivir cada instante intensamente. Si una mujer se tiene estima a sí misma, si ella se acepta tal como es y se ama un poco, tendrá, por su actitud, una influencia segura en los otros.

¿Qué hacer cuando he llegado a una situación en que no puedo más?

Los adolescentes con frecuencia se sienten solos y abandonados. Incluso si están rodeados de un montón de gente. Y eso es normal en ese tramo de la vida. Por primera vez, el adolescente se comporta en tanto que individuo, sin la protección del grupo familiar. Se vuelve más sensible, más combativo y está obligado a reaccionar a los sentimientos negativos.

Esa sensación de soledad puede ser para algunos tan profunda que no saben cómo continuar viviendo. Se sienten normalmente tristes y no ven ninguna salida a su situación. No es raro que duden de tal forma de su futuro que la muerte les parezca la mejor solución. Pero la muerte no resuelve los problemas, les pone un final. La mayoría de los jóvenes que se sienten tentados por el suicidio no quieren verdaderamente morir, pero no encuentran el medio para volver a la vida. No quieren morir, simplemente no quieren continuar viviendo de esa forma. Buscan descanso, seguridad, el sueño y el olvido.

La joven que quiere poner fin a su vida se encuentra en una crisis muy profunda –consigo misma o con su familia, tiene mal de amores o problemas escolares–. La crisis es el punto final de un largo camino de sufrimiento, que puede haber comenzado en la infancia y ser una continuación de problemas, de vejaciones, de separaciones, de pérdidas, de violencia, de sufrimiento moral y físico. La forma como se ha vivido la infancia es determinante para la evolución futura. La chica que ya tiene un penoso camino tras ella, tiene difícil el hacer frente a todos los numerosos problemas que se presentan cuando se hace adulta. Una joven que ya está cansada de la vida, no se siente aceptada ni amada tal como es por las personas que le son importantes, por su entorno. La solución final es, con frecuencia, una excusa para intentar salir de ese «no puedo más».

Cada tentativa de quitarse la vida es una llamada de ayuda, un deseo de comprensión, un anhelo del amor de los demás, una voluntad de encontrar una mejor vía de entendimiento. Si tú, en un momento dado, te encuentras en un período de crisis semejante, debes estar segura de una cosa: siempre hay personas que desean que tú vivas. Porque tú estás en el mundo para vivir feliz y contenta y no para morir de desilusión. Ciertamente, no hay recetas milagrosas para vivir feliz, pero hay muchos caminos para andar y llegar y muchas personas que tienen ganas de acompañarte. Siempre hay alguien para darte la mano. Sólo necesitas escogerlas. A veces, se trata de personas que te son desconocidas.

Si no puedes salir de la crisis por ti misma, es necesario buscar una ayuda exterior. Te encuentras tan ahogada en tus sentimientos, en tus miedos, en tus dudas que no ves más que eso. Es por lo que se necesita hablar con otros y buscar juntos una salida. No es ninguna vergüenza y tampoco ningún fracaso pedir ayuda a otras personas.

¿Cómo noto si alguien tiene problemas?

Al volverte adulta, te abres a los otros, te haces más consciente de tu presencia. Y también notarás más rápidamente el estado de ánimo en el que se encuentran otras personas de tu entorno. Con frecuencia, te preocuparás de ellas y sentirás deseos de ayudarlas. Es importante estar atento a los problemas de los demás.

Tus padres o tus hermanos y hermanas pueden también encontrarse en un momento difícil en que necesiten ayuda; tienen, por ejemplo, problemas financieros o laborales, o discuten entre ellos. Tus amigas también tienen un humor muy cambiante. Y algunas quizá no reaccionen tan bien como tú. Discutir los problemas permite frecuentemente resolverlos.

Si se dejan acumular los problemas, puede suceder que la joven se sienta totalmente desbordada y escoja una solución que no le sirve en absoluto. Se puede lanzar de una relación a otra, dejar de comer, fumar cigarrillo tras cigarrillo, caer en la bebida, conducir en estado ebrio, drogarse o cometer delitos. Si piensas que con una conversación no vas a conseguir salir adelante, es necesario que hables con un profesor con el que tengas confianza. Incluso algunos de los temas que te preocupan pueden ser tratados en clase de forma global.

También hay personas en centros especializados para hablar de esos problemas; ellos pueden hablar con los miembros de la familia, con las amigas. También existen centros para los problemas de alcohol y de drogas. Los «alcohólicos anónimos», por ejemplo, han constituido grupos para ayudar a los miembros de la familia del bebedor y para ayudar a los niños relacionados directa o indirectamente con este problema.

Si tienes la impresión de que hay alguien con ideas de suicidio en la cabeza, es mejor buscar consejo fuera. En general, los que piensan en el suicidio lanzan señales de alarma que deben ser tomadas absolutamente en serio. Esas señales no son enviadas conscientemente o en un determinado contexto. La joven, por ejemplo, puede aislarse de los demás, no frecuentar a sus amigas y amigos, no interesarse por nada de lo que sucede a su alrededor. Alguien que es de temperamento bastante tranquilo se vuelve muy nervioso. Un aumento o una pérdida de peso, dolores de cabeza continuos, una fatiga intensa o insomnios pueden indicar un estado de crisis muy profundo. La gente que piensa en quitarse la vida, se expresa también de manera extraña: hablan ya pensando en dejar sus bienes a los «supervivientes» y lo dicen o lo hacen por escrito, adjuntando una nota como «Mis discos compactos para Carmen». A veces son signos, como cruces negras, que nos hacen pensar en la muerte. Otros se apasionan súbitamente por discusiones sobre el derecho a la eutanasia. O se interesan por medicamentos o por otros medios para conseguir su fin. Con frecuencia están presentes varios signos al mismo tiempo. Es difícil para un extraño determinar si la joven ha decidido ejecutar su propósito inmediatamente. No son nuestras propias valoraciones las que cuentan, sino más bien los sentimientos de la joven en peligro. Es mejor solicitar ayuda de una persona experimentada, un adulto por ejemplo, que sabrá cómo reaccionar en tales situaciones.

¿Qué voy a ser?

«Cuando sea mayor, haré lo que yo quiera», es lo que dicen todas las adolescentes. Es casi seguro que sucederá así, pero el camino a recorrer es ciertamente largo y pasará por desiertos, sotomontes, bellos bosques y campos fragantes. Las jóvenes de tu edad están llenas de esperanza en el futuro. La adolescente tiene necesidad de mucho ánimo y del apoyo de su familia para superar su «segundo nacimiento», pues se es muy vulnerable en ese período. Es como si cambiaras de piel: la vieja se cae y hasta que no haya crecido la nueva, te encuentras expuesta a los peligros de la vida, desprotegida e indefensa.

La realidad es con frecuencia muy diferente a lo que una se imagina, es más densa, menos simple. Es necesario aprender a valorar todas las posibilidades que ofrece la vida. Cuanto más se adentra una en la edad adulta, más grandes pueden ser las desilusiones. Pero también conoces éxitos, acompañados de sensaciones de triunfo y de la seguridad de que llegarás al fin que persigues.

El camino que lleva a la edad adulta está sembrado de trampas y es necesario luchar, paso a paso, para atravesarlo. Tienes que abandonar la infancia para abordar un mundo desconocido, donde no sabes qué es lo que te espera. Y tienes que tomarte tiempo. Los adolescentes y los adultos no piensan de la misma manera, no reaccionan todos tan deprisa, no viven tan deprisa ni tampoco se desarrollan tan deprisa. Algunos no se convertirán en adultos hasta muy tarde.

Ahora es necesario que, poco a poco, encuentres una respuesta a muchas preguntas:

¿Qué metas quiero alcanzar en la vida? ¿Quiero tener éxito profesional? ¿Necesito mucho dinero o puedo conformarme con menos? ¿Tener hijos o no? ¿Tener una relación, varias o ninguna? ¿Estudiar una carrera o aprender una profesión? ¿Vincularme a una causa o pasar simplemente por la vida? No hay ninguna obligación de encontrar una respuesta rápida a estas preguntas. La mayoría de ellas se solucionará con el tiempo por sí misma. Hasta entonces, es bueno poderse refugiar en la familia para recuperarse. No hay razón para que una se niegue esa pequeña retirada.

Vuestros hijos no son vuestros hijos.
Son los hijos y las hijas de la nostalgia
de la vida en sí misma.
Vienen a través de vosotros,
pero no de vosotros.
Y aunque estén con vosotros,
no os pertenecen.
Podéis darles vuestro amor,
pero no vuestros pensamientos.
Pues ellos tienen sus propios pensamientos.

Los otros

¿Por qué mis padres quieren protegerme siempre?

Porque se preocupan y quieren evitarte problemas.

¿Soy responsable de que mis padres quieran divorciarse?

¡Jamás!

¿Cuánto tiempo tengo que soportar todavía a mis padres?

Lo mejor sería lo más posible. La familia es el lugar donde tú te encuentras segura, donde puedes descansar.

¿Por qué mis padres me prohíben tantas cosas?

Ellos tienen que acostumbrarse primero al hecho de que te estás haciendo mayor.

¿Qué puedo hacer para evitar que mis padres discutan continuamente?

Probablemente nada. Intenta hablar con algún adulto que no sea de la familia, pero que conozca a los dos.

¿Por qué mi madre últimamente «salta» por cualquier cosa?

Porque probablemente tenga miedo de que la conviertas en una vieja chatarra al convertirte en adulta.

¿Por qué mis padres no se interesan por mí?

Porque quizá ellos tengan también un montón de problemas.

¿Cómo encontrar una amiga en la que pueda confiar?

Fíjate en lo que es importante para ti y busca.

¿Las discusiones con los padres son inevitables?

Sí, salvo excepciones.

¿Por qué ahora ya no me entiendo tan bien con mis hermanos y hermanas?

Porque tú ya no eres una niña y necesitas tu propio espacio.

Mis padres, ¿unos aguafiestas?

Comienzas a ver el mundo de manera diferente y también ves a tus padres con otros ojos; por primera vez, los ves con sus defectos y sus virtudes. Mientras eras una niña, todo lo que ellos dijeran e hiciesen, estaba bien. Ahora no quieres admitir todo lo que dicen y hacen. Y es por lo que en este período de transición, las relaciones pueden ser tirantes entre vosotros.

La mayoría de las dificultades son fáciles de comprender: tus padres se han esforzado por educarte de la mejor manera que ellos pueden, para que afrontes la vida de manera positiva e independiente. Pero ellos son responsables de esa educación hasta el momento en que sepas volar con tus propias alas. Los padres quieren retrasar ese momento lo más posible, mientras que los hijos no tienen más que un deseo: que llegue cuanto antes. Hasta ahora, los padres debían decidir absolutamente todo por ti, organizarte y planificarte. Y todo eso cambia. Ese cambio es difícil de vivir para los padres, ya que hay días en que sus hijos se comportan como adultos y otros como niños y frecuentemente se sobreestiman. Los padres tienen necesidad de tiempo para estar seguros de que sus hijos son realmente capaces de valerse por sí mismos. No es fácil determinar cuándo los hijos se vuelven totalmente independientes. Como quiera que no hay respuesta precisa a esta cuestión, el período de tiranteces y conflictos puede ser penoso y a veces muy largo. Los hijos tienen frecuentemente necesidad de sus padres más tiempo de lo que quieren admitir. La necesidad de protección, de seguridad y de apoyo se mantiene muy grande. Los padres y la familia se vuelven importantes en momentos de crisis: el primer mal de amores que tienes que superar y aceptar, las malas notas escolares que tienes que asumir, las disputas con los amigos y las amigas que tienes que resolver. Ciertamente, tienes la impresión de que tus padres se meten en todo y te tratan como a una niña. Encuentras tontas sus opiniones y te enfadas. Pero no es así como vas a hacerles cambiar de forma de pensar. En la mayoría de los casos, ellos tienen una visión de las cosas mejor que la tuya y también más experiencia. Te darás cuenta enseguida.

Los padres son importantes porque constituyen un refugio donde podrás volver siempre después de tus escapadas al «mundo libre». Pero ellos te tienen que dejar suficiente libertad para que puedas hacer tus propias experiencias, incluso más allá de lo que la familia considera normal o necesario.

Los padres deben, así mismo, aceptar vivir esos momentos sin que ellos mismos pierdan la cabeza.

Por otra parte, si los padres tienen demasiadas preocupaciones, ya sean económicas o problemas entre ellos, serán menos tolerantes y tendrán poco interés por los problemas de los hijos. Eso puede resultar muy molesto para éstos, incluso herir su autoestima y suscitar agresividad y cólera en ellos.

Esas fricciones pueden, a la larga, dejar en ti un deseo de abandonar la casa lo más rápidamente posible. Pero eso no sucederá tan rápido. Tienes que recorrer tu camino en la vida adulta, aprender a vivir con toda clase de gente, incluso con aquellos que no te caen nada bien. Si verdaderamente no te entiendes con tus padres, intenta hablar con otros adultos, con miembros de tu familia de más edad, o con amigas, con profesores o vecinos. Y, por qué no, con algún miembro de un centro de asistencia para adolescentes. Te darán gratuitamente consejos y ayuda y están obligados a guardar el secreto profesional.

También tienes que tener claro que posiblemente tus problemas no se solucionarán abandonando la casa familiar, ya que hace mucho tiempo que vives en un marco muy preciso, con sus reglas establecidas, incluso si te resultan molestas, que te ayudan a superar el instituto o la formación profesional. Si vives fuera del marco de la familia, tú misma tendrás que organizar tu vida, ocuparte de tu ropa, de la limpieza, de la alimentación, de tu dinero, de tus vacaciones. Es necesario reflexionar bien y hacerte la pregunta de si estás preparada para una situación y un cambio semejantes en tu modo de vivir. Si no necesitas dominar tantos desafíos a la vez, te resultará más fácil el paso hacia la independencia.

¿Por qué se quieren separar mis padres?

Todo el mundo desea vivir en una familia unida, armoniosa, que atraviese junta las tempestades. Ese es el sueño de cada adulto y de cada niño. Pero, en general, la vida en común engendra en los padres muchos problemas serios y duraderos. Los divorcios se han vuelto tan corrientes como las familias divididas, que intentan reconstruir una nueva familia con los restos de otra célula familiar, que ha conocido los mismos problemas, en cuanto que cada divorciado aporta sus propios hijos. Eso crea serios problemas para los hijos, que no solamente deben acostumbrarse a un padrastro o a una madrastra, sino también a hermanos y hermanas que no conocen.

Que una pareja compruebe en un determinado momento que algo ya no funciona entre ellos, no tiene nada de anormal y ninguno de los dos es realmente responsable de ello. Las circunstancias han cambiado y, con frecuencia, las personas han evolucionado cada una por su lado. Lo más frecuente es que las dos partes encuentren ventajas en la separación. Te darás cuenta de eso cuando una amiga o un amigo te deja indiferente. Todas las personas son diferentes y deben intentar entenderse continuamente con los demás. Eso para algunos puede resultar apasionante, pero para determinadas personas es un desastre.

Aunque un divorcio concierne en primer lugar a los padres, esa situación provoca, pese a todo, un *shock* y un estrés enorme en los hijos. Es, sobre todo, debido al hecho de que el divorcio propiamente dicho es precedido por un período de tensión y, sin duda, incluso de discusiones, también odio, que condiciona la vida cotidiana e irrita a todos. Y no es bueno para los niños no ver nunca a sus padres amables el uno con el otro, que no tienen ningún gesto de ternura mutua e incluso ni siquiera duermen en la misma habitación. La situación se vuelve más insoportable por el hecho de no saber si se quieren separar o no.

Hace algunos años, los padres no se separaban debido a los hijos. El clima tenso podía mantenerse durante años e incluso degradarse continuamente con el paso del tiempo. Después se ha constatado que era mejor separar a los protagonistas para que volviera finalmente la calma. La mayoría de los adolescentes dicen que, a fin de cuentas, esa solución los alivió.

Pero, con frecuencia, los hijos tienen la impresión de que ellos tienen una parte de responsabilidad en la separación de sus padres, lo que es totalmente falso: ningún hijo es responsable de las disputas que separan a sus padres. Lo mismo que una separación no quiere decir en absoluto que los padres ya no quieran a sus hijos o se desinteresen de ellos. Eso es válido también para aquel que abandona el hogar familiar. Los hijos sienten esa salida como una herida o se enfadan con aquel que lo abandona. Y con frecuencia rechazan volverse a encontrar con el padre o la madre que ya no vive con ellos. Sin embargo, irse es tan difícil como quedarse. Incluso si el que se queda afirma lo contrario, es importante recordar que no se pierde a uno de los padres porque se separen. Eso no es más que la conclusión de un largo camino y la separación puede que dure poco.

La separación de los padres conlleva grandes decisiones para los hijos. Antes que nada, tienen miedo de ir a vivir con la parte con quien tienen menos afinidad o con el que es menos práctico para ellos. Algo totalmente normal. Hay un montón de razones para decidirse por uno u otro. «Los huérfanos del divorcio», en la mayoría de los casos, tienen que crecer y hacerse independientes más deprisa que otros niños. Deben asumir más responsabilidades, ya que la vida cotidiana está menos organizada. La separación supone también con frecuencia un cambio de escuela o de domicilio. Los hijos tienen derecho a dar su opinión al respecto, ya que, en definitiva, se trata de su futuro. Y si los padres no quieren escucharles, es mejor que pidan consejo a un adulto que no esté implicado en la historia. El Consejo Local de la Juventud es frecuentemente un buen consejero. Y hablar abiertamente con las amigas o los amigos también puede ayudar, ya que entre ellos seguro que habrá quienes tengan las mismas experiencias. Tener una amiga o un amigo es, ciertamente, tener un confidente a mano. Con la fragmentación del núcleo familiar, también desaparece momentáneamente la seguridad y la intimidad que ofrecía y es por eso por lo que es bueno encontrar una familia sustitutoria hasta que todo haya vuelto a su orden. Y, con el tiempo, esa familia sustituta jugará un papel cada vez más importante.

El hecho más terrible es, seguro, el fallecimiento de uno de los dos padres. Poco importa que sea debido a una larga enfermedad o que haya sucedido de manera muy repentina. Es algo difícil de aceptar. El carácter definitivo de la muerte, el hecho de que la madre o el padre ya no estará jamás ahí, es algo mucho más difícil de admitir. En general, los demás miembros de la familia se unen todavía más. Y está bien que así sea, ya que la presencia física de los otros es necesaria en esos momentos. Se habla de la persona muerta, que está siempre presente en nuestro espíritu. Llorar juntos supone también un gran consuelo. Compartir su dolor es una de las mejores formas de hacerlo soportable. El niño o la niña que ha perdido a su padre o a su madre deberá, obligatoriamente, tomar una parte más activa en los asuntos de la vida cotidiana. Hay, quizá, hermanos o hermanas más pequeños de los que ocuparse, o bien es el padre o la madre que queda, el que tiene necesidad de atención y apoyo. Ayudar y ocuparse de aquellos que quedan es, de todas formas, una buena manera de salir del dolor.

¿Por qué a mis padres no les gustan mis amigos?

Los amigos que se frecuentan son a menudo un motivo de discusión entre padres e hijos. Los «amigos» jamás son suficientemente bien vistos por los padres o, simplemente, no les gustan. Puede incluso que tengan miedo de que las amigas o los amigos lleven a la hija o al hijo a cosas que no les gustan a los padres o, incluso, que puedan resultar peligrosas. Puede suceder que les prohíban frecuentar a determinadas personas, lo que hace que los jóvenes lleven una especie de doble vida. Sufren con frecuencia de un sentimiento de culpabilidad y tienen mala conciencia cuando hacen algo que ocultan a sus padres.

Todo adolescente tiene opiniones diferentes a las de sus padres y querrá mantenerlas y realizarlas. Pero los jóvenes no siempre son tan prudentes en la manera de llevar a cabo sus experiencias. Es muy difícil para los padres saber cuándo deben intervenir, cuándo los hijos tienen verdaderamente necesidad de su ayuda. Se hacen muchas preguntas: ¿es razonable dejar salir sola a nuestra hija de vacaciones con su amiga? ¿Hasta qué hora puede salir de noche? ¿Puede uno fiarse de sus impresiones? ¿Es capaz de juzgar si una situación es peligrosa o no? ¿Puede ella darse cuenta realmente de quiénes son sus amigos y en quiénes puede confiar? Los padres deben poderse hacer una idea exacta de este tipo de cosas, antes de dejarla volar con sus propias alas. Otra causa de desacuerdo con respecto a las compañías de los hijos, es el hecho de que los padres proyectan sus propios celos, ya que hasta ahora ellos eran, en definitiva, las personas más importantes en la vida de sus hijos y de pronto todo cambia totalmente.

La mayoría de los adolescentes dejan de interesarse por hacer cosas conjuntas con los miembros de su familia. Ya no les basta. Prefieren estar solos o hacer cualquier cosa con las amigas o amigos, pues se sienten más comprendidos. Quieren aprender a conocer nuevas personas y nuevas cosas y, simplemente, encontrarse entre jóvenes. Quieren intercambiar opiniones sobre ropa, peinados, películas, sobre aquello que les interesa, sobre sus ideales.

Al principio, estarás frecuentemente con tu mejor amiga. A continuación, formaréis un grupo pequeño y haréis muchas cosas juntas, cosas que divierten más si se hacen con otras, algo que sucede también con tus padres. Puede que consigas que ellos consideren a tus amigas y amigos de otra forma. Tus padres desean conocer a tus amigas y amigos y, cuando te visitan en casa, tus padres pueden darse cuenta de que todo está bien.

Es importante no cortar los puentes con tus padres, con tu familia. Intenta ocultarles lo menos posible. Serán más comprensivos, más tolerantes si les cuentas muchas cosas. Y si son muy autoritarios, intenta ser diplomática. Es necesario discutir las cosas que les interesan. Debes partir del principio de que ellos quieren comprenderte. Y, sobre todo, ¡quieren que los ames!

¿Por qué con frecuencia ya no soporto a mi madre?

Las chicas se hacen, con frecuencia, ilusiones con respecto a sus relaciones con otras personas. Y eso es válido también para las relaciones con su madre. Las hijas tienen, normalmente, más problemas en las relaciones con su madre que los chicos. De los chicos se espera principalmente que corten el cordón umbilical, que hagan su vida en el mundo. Mientras que los chicos encuentran un aliado o un igual en su padre, las chicas tienen que guardar distancia de su omnipresente madre, tienen que buscar su propio valor como mujeres. E intentan atraer, de forma inconsciente, el amor del padre. Lo que provoca, bien seguro, discusiones y fuertes divergencias de opinión entre madre e hija. Muchas madres quieren superar esas situaciones intentando ponerse al mismo nivel que su hija, queriendo ser la mejor amiga de su hija. Mientras que la hija preferiría tener como madre a una mujer maternal, la madre intenta, en ocasiones, vestirse de la misma forma que la hija e ir a la par con ella. Quiere tener una relación muy intensa con su hija. Espera, por ejemplo, que la hija la ayude en las tareas familiares y domésticas. Se alegra de que ahora, por fin, pueda compartir sus intereses y preocupaciones con su hija. Precisamente, eso no facilita la tarea de la hija, que todavía busca su camino. Ella quiere que una madre se comporte como una madre y que tenga aspecto de tal. En la adolescencia, la madre cae de su pedestal de «la mamá más guapa, la más maravillosa, la más cariñosa y la más inteligente», independientemente de cómo se comporte. Eso sucede, por un lado, ante la temerosa pregunta de su hija: «¿Me volveré como ella?». Por otro lado, es la madre la que soporta todo el peso de los problemas que puede engendrar la adolescencia, así como el estrés resultante. La hija se mete con todo lo que concierne a la madre; su peinado, su forma de arreglarse, su silueta, su forma de cocinar e incluso su comportamiento frente a los hombres, también si se trata de su propio padre. Las hijas con frecuencia tienen la impresión de que sus madres las ponen en ridículo en presencia de sus amigos, cuando, probablemente, sólo se esfuercen en conservar el amor de su hija, lo que resulta penoso para ésta. Cuando la hija nota que la madre no tiene en cuenta su evolución y todavía la trata como a una niña, buscará la solución en la huida. La hija quiere y debe liberarse de la estrecha relación que mantiene con su madre para convertirse en una mujer independiente.

Pero también debes comprender que tu madre no es indiferente, que ella tiene sentimientos y puede sentirse herida por tus reacciones. No es bueno para ninguna de las dos, pisotearos recíprocamente los sentimientos. Intenta hacer comprender a tu madre que no tienes absolutamente nada contra ella, pero que ves de otra manera muchas cosas y que quieres hacerlas de otra forma. Tú tienes el derecho a tener tu propia opinión. Por otro lado, tu madre tiene más experiencia que tú en muchos terrenos y te vendrá bien seguir sus consejos. Es por eso por lo que es mejor para las dos no crear situaciones inextricables. Con un poco de paciencia, todo volverá enseguida a su sitio.

¿Qué importancia tiene una buena amiga?

La «mejor amiga» juega frecuentemente un papel importante en la vida de una chica. Las amistades que se hacen en la juventud duran con frecuencia toda la vida.

Ofrecen una gran seguridad y son una gran ayuda para atravesar las fases difíciles de la adolescencia. Las chicas buscan en su amiga, sobre todo, atención, ternura, solidaridad y confianza.

Testimoniar amistad a alguien es estar disponible y reconfortarle en todas las situaciones. Con su mejor amiga, una puede mostrarse como en realidad es, no hace falta fingir. Se puede criticar abiertamente y exponer los conflictos con claridad. Crecen juntas y una con otra. Una amiga se alegra por la otra incluso en cosas que a ella misma le faltan. También cuando ella tiene que pasar a segundo plano porque la amiga tiene un amigo durante cierto tiempo. Sienta bien el poder descargar su cólera sin poner la amistad en peligro. Dos amigas que pueden solucionar un problema que las divide, se sentirán aún más próximas a continuación.

Si tú puedes contar con la ayuda moral de una amiga, entonces todo te parecerá más fácil. Una verdadera amiga puede volver a darte confianza y aportar un sostén real en períodos difíciles. Tener una amiga es algo verdaderamente importante para una mujer o para una chica. Cuántas veces no oyes decir: «¡Yo no lo habría conseguido sin mi amiga!». La pérdida de uno de los padres como consecuencia de una separación, tener que tomar decisiones difíciles, problemas con los padres o con tu amigo, todo eso puede ser resuelto conjuntamente. Hace falta una buena dosis de alegría de vivir y de fuerza si no se puede contar con una verdadera amiga. Fíjate bien a tu alrededor para que encuentres tu alma gemela, con la que puedas construir una relación profunda y duradera.

Si no sabes dónde encontrar una amiga, busca en las asociaciones deportivas o en los grupos que se ocupen de las actividades que a ti te apasionen. No dudes en ir hacia los demás. Los demás son, con frecuencia, solamente tímidos, incluso si eso no se sabe. Conocer a alguien no es realmente difícil cuando una está decidida.

Tu sangre y mi sangre no son más que la savia que alimenta el árbol del cielo.
Y cuando mordáis una manzana a dentelladas,
decidle en vuestro interior:
«Tus semillas vivirán en mi cuerpo
y los brotes de tus mañanas florecerán
en mi corazón,
y tu perfume será mi aliento,
y juntos nos alegraremos en todas
las épocas del año.»

Femenino

¿Por qué la sexualidad hace su aparición de forma tan repentina?

Eso no es así, está presente desde el nacimiento. Sólo que al producirse las hormonas sexuales es cuando se hace consciente.

¿En qué se nota que ha comenzado la pubertad?

En las chicas principalmente en el hecho de que los senos comienzan a formarse.

¿Cuándo aparece la regla?

Entre el noveno y el decimosexto año de vida. En cada chica es diferente.

¿Cómo se llaman las hormonas femeninas más importantes?

El estrógeno y la progesterona.

¿Por qué a veces me siento tan diferente?

En parte, se debe al hecho de que el cuerpo está en condiciones de fabricar hormonas, pero la dosis no se ha estabilizado todavía.

¿Qué es la ovulación?

Es el período del mes en que el óvulo se desprende del ovario para dirigirse hacia las trompas.

¿Para qué sirve el útero?

Cuando el óvulo ha sido fecundado, este embrión de vida se aloja hasta su nacimiento en este órgano.

¿Qué es diferente en la pubertad de un chico?

Para él la pubertad comienza generalmente dos años más tarde y le provoca desde el principio una mayor tensión sexual.

¿Por qué, de pronto, dejo de ser una niña?

Nosotros venimos al mundo como seres sexuados. Una chica nace chica y un chico nace chico. Pero al principio no se es muy consciente, ningún sentimiento particular nos lo indica. De la misma forma que un niño al nacer no sabe hablar o andar, la sexualidad también se desarrolla lentamente. Hay numerosas etapas que se van sucediendo y cada una evoluciona a su ritmo. En un niño, una etapa puede comenzar muy pronto y en otro más tarde.

Se ha reflexionado mucho sobre el momento en que las personas comienzan a tener realmente sentimientos sexuales. Para muchos, todo comienza en la pubertad. Es, en efecto, en ese momento cuando la evolución sexual arranca. Pero los lactantes saben ya muy bien lo que les resulta agradable, qué sensaciones aman, qué personas aprecian. Lo que ellos perciben como sensaciones agradables durante los primeros meses son la succión de la leche y el chupete. Eso es especialmente válido al mamar, pero también para muchas otras cosas. Por eso intentan meterse todo en la boca –sus propios dedos, el chupete o la punta de la sábana de la cuna– y lo chupan, pues esa actividad los tranquiliza y da seguridad.

Es así mismo importante para un niño el ser cogidos y acariciados con ternura por la madre y el padre. Al ser acariciado suavemente, el niño pequeño se hace consciente de su cuerpo. Cuando se le cambia de pañales, se da cuenta de la presencia de su cuerpo y de sus órganos sexuales. Las niñas pequeñas descubren su vagina, los niños pequeños su pene y ellas y ellos lo consideran como cualquier otra parte de su cuerpo, como las orejas o la nariz. El pene se puede poner tieso, lo que no tiene nada que ver con una experiencia consciente en los niños.

A los adultos eso les puede resultar penoso, ya que para ellos el tocar los órganos sexuales supone siempre una connotación sexual o bien consideran la vagina y el pene como zonas prohibidas. Y es por eso por lo que inevitablemente ciertos adultos evitan llamar a esos órganos por su nombre cuando hablan a sus hijos: las palabras vagina, pene o clítoris raramente son pronunciadas. Quizá tú hayas sido educada así y tus órganos sexuales te son absolutamente extraños. Las chicas, al respecto, son desfavorecidas. Para un chico, el hecho de ser chico es imposible de ocultar, porque el pene y los testículos son visibles desde el nacimiento. Es por lo que un chico tiene más facilidades en identificarse con su sexo y comportarse directamente como un «pequeño» hombre. Las chicas, con frecuencia, son conscientes de su feminidad cuando los pechos comienzan a formarse. Y, sin embargo, todo, excepto los pechos, ya está ahí: la vagina, el clítoris, los labios de la vulva y los órganos sexuales internos, dentro del vientre. Hacia la edad de 3 o 4 años, los niños desarrollan un cierto interés por los niños del mismo sexo. A partir de ese momento, quieren hacer experiencias que les harán tomar conciencia de ser chico o chica. Tienen curiosidad, por ejemplo, por saber cómo están hechos los órganos sexuales de otros niños y sienten deseos de enseñar su propio cuerpo a otros niños. Esa es la razón por la que a los niños, a esa edad, les gusta tanto jugar a los «doctores» o hacer concursos sobre quién mea más lejos en los chicos, emplear palabras groseras, son características de esta fase de la evolución sexual. Numerosos niños a esa edad perciben un cierto placer cuando frotan sus órganos sexuales. E Incluso pueden provocar ya un orgasmo. Es una reacción física totalmente normal.

Los órganos sexuales, en esa fase, están todavía en reposo. Sin embargo, las chicas y los chicos vienen al mundo con una sexualidad ya completa. Tus órganos sexuales ya están formados al nacer: dos ovarios, dos trompas, el útero (matriz), la vagina y el clítoris, que están situados en la parte baja de tu vientre, por debajo del ombligo. La matriz se encuentra en el centro, tiene la forma de una pequeña pera. En la parte alta, en la parte más alargada de esa pera, se encuentra a cada lado una minúscula trompa (la trompa de Falopio), que conduce hacia los ovarios. La vagina parte de la matriz y desciende hacia abajo, hacia el exterior del cuerpo. La entrada de la vagina (al lado de la abertura de la uretra) está escondida entre los labios mayores y los labios menores de la vulva. Tiene el aspecto de la proa de un barco y termina en la vulva. El clítoris, el órgano sexual más sensible de la mujer, se encuentra en la parte delantera y bien oculto. Estas son las partes de los órganos sexuales visibles desde el exterior. Si quieres, puedes verlas con la ayuda de un espejo.

Los ovarios son, de hecho, las glándulas sexuales reales. Es ahí donde, madurando desde la pubertad, se encuentran los pequeños óvulos que, cuando más tarde sean fecundados por el semen de un hombre, pueden llegar a desarrollar un bebé. Una niña viene al mundo con aproximadamente 400.000 óvulos potenciales (folículos). A partir de la pubertad, cada mes madurará un óvulo.

Hacia la edad de los siete años, los órganos sexuales

se vuelven activos. Hay una producción de hormonas que es la responsable de la lenta transformación del cuerpo. Pero todavía no se sabe muy bien cómo sucede eso. Se piensa generalmente que cuando un niño ha alcanzado cierto estado de crecimiento, la parte del cerebro que es responsable de la formación de hormonas da la orden a los órganos sexuales de ponerse a producir sus hormonas.

Las hormonas son sustancias que el cuerpo genera en las glándulas y con las que regula sus funciones. Con una determinada hormona controla la reacción de miedo del organismo cuando el individuo se encuentra en una situación de peligro; igualmente influye gracias a esas sustancias en el crecimiento o en las infecciones. Las hormonas con las que el cuerpo regula la sexualidad y la fecundidad son las más importantes para la persona. Y son ellas también las que influyen en el ritmo de la pubertad.

¿En qué puedo notar que ha comenzado mi pubertad?

Al principio no vas a notar nada, ya que los cambios tienen lugar en el interior de tu cuerpo: la madurez sexual es, como ya hemos indicado, determinada por el cerebro. El encéfalo intermedio, que es responsable de encauzarla, ordena, en un momento determinado, a la hipófisis que produzca hormonas y las envíe, vía sangre, a los ovarios. Esos ovarios se van a poner a producir una hormona, el estrógeno, que es la hormona responsable de todos los cambios visibles en tu cuerpo.

Vas a comprobar, en primer lugar, que se desarrollan

los extremos de tus pechos (los pezones) y que se rellena el tejido que se encuentra debajo. Efectivamente, el pecho es el primer órgano sexual que reacciona a las hormonas. En la mayoría de las chicas, esa evolución se hace visible hacia los 11 años. Tú todavía deberás contar aproximadamente dos años hasta que aparezca tu primera regla. En general, viene precedida de un ligero flujo de la vagina. Ese líquido tiene un aspecto blanco vidrioso y en absoluto te debe inquietar. Es así como tu cuerpo se prepara para la posibilidad de tener hijos posteriormente. Tus órganos sexuales internos también aumentan y aparecen pequeños pelos en las axilas y en la vulva. Notarás que tu humor cambia muy bruscamente. Es una consecuencia de la producción de hormonas en tu cuerpo. A veces te sentirás de excelente humor, en plena forma, y habrá días en que no encuentres sentido a nada. Es probable que no te sientas especialmente bien en tu cuerpo: los rasgos de tu cara cambian, tu piel tampoco es tan limpia y tus cabellos cuelgan lamentablemente.

La mayoría de los adolescentes se sienten desequilibrados durante ese período. Y eso tiene una explicación muy lógica: es en la pubertad cuando las personas sufren un crecimiento más fuerte. Se ensanchan las caderas, la columna vertebral se dispara hacia arriba, se alargan los brazos y las piernas. Pero cada órgano crece a su ritmo, a una velocidad diferente. Es por eso por lo que se sienten dolores en los huesos y en los músculos. Y tú te sentirás ciertamente torcida y torpe hasta que tu cuerpo haya encontrado una cierta armonía y haya terminado su crecimiento.

Todo el mundo pasa por esa evolución. No olvides eso si te sientes con frecuencia sola, si te sientes disminuida y totalmente confusa. Tus abuelos, tus padres, tus hermanos y hermanas de más edad, tus profesores, todos ellos han vivido esos cambios. Y, en principio, serán comprensivos. Si, a pesar de todo, ellos han olvidado cómo eran en esa época, interrógales un poco y pregúntales cómo se sentían. Y no olvides que, a pesar de todas las excitantes novedades que ella te pueda aportar, la pubertad jamás ha sido una época fácil de vivir para nadie.

¿Cuándo aparece la primera regla?

En general, las chicas esperan con impaciencia sus primeras reglas. En efecto, la hemorragia que señala el comienzo y el final del ciclo femenino es el signo más visible y el más seguro de que la joven se ha convertido en mujer. Están unidas a muchos signos físicos y sentimentales que son característicos del estado de la mujer.

Las primeras reglas aparecen habitualmente dos o tres años después del comienzo de la producción de hormonas y dos años después del rebrote de los pechos, es decir, entre los 9 y los 16 años. Para que pueda aparecer la regla, es necesario que el cuerpo haya producido suficientes hormonas a fin de que pueda desarrollarse un ciclo normal. Tú notarás que tu cuerpo está en marcha cuando tengas un ligero flujo blanquecino en la vagina. Es el signo de que te puedes preparar anímicamente a la llegada de tus primeras reglas. Si ese flujo se hace molesto, pide a tu madre que te provea de protectores para colocar en tus bragas. Absorben la humedad sin que se vean. Ten cuidado de usar protectores sin la lámina plástica. Esa lámina plástica no es necesaria en el caso de un pequeño flujo, provoca calor y acumula la humedad a la altura de la vagina, lo que puede provocar inflamaciones.

No es posible prever, sin embargo, el momento en que aparecerán las primeras reglas. Es diferente en cada una. Pero el hecho de que aparezcan un poco antes o duren algo más o un poco menos también es normal. E incluso si a los 16 años todavía no tienes ningún indicador de tu próxima regla, eso no debe inquietarte en absoluto. Cada una tiene su propio ritmo y no debes guiarte únicamente por la experiencia de tus compañeras o de tus amigas. Es mejor que no te informes por las chicas de tu edad, ya que ellas tampoco saben más que tú. Infórmate por tu madre para saber cuándo le sucedió a ella. Las mujeres de una misma familia siguen normalmente el mismo esquema de evolución. Pero el resultado seguirá siendo el mismo si la evolución sucede rápida o lentamente: una se hará siempre «mujer» en un determinado momento.

¿Qué significa la primera regla?

La hemorragia provocada por la regla es un fenómeno totalmente natural en una mujer y se mantendrá regularmente desde la pubertad hasta la menopausia, esto es, durante unos 35-40 años. Es el signo exterior del ciclo mensual. Con el ciclo, que es regulado por las hormonas, el cuerpo de la mujer se prepara prácticamente cada mes para un posible embarazo. En el ciclo, todo gira alrededor del pequeño óvulo, que madura en la primera mitad del mismo. En cuanto ha madurado, se traslada del ovario a la trompa de Falopio. Esto se conoce con el nombre de ovulación. Después de la ovulación, el óvulo recorre la trompa de Falopio. Aquí puede tener lugar la fecundación con el semen de un hombre. Si se ha dado un embarazo, el óvulo fecundado anida en el útero. Si el pequeño óvulo no ha sido fecundado, se desprende del útero y tiene lugar la hemorragia menstrual.

En detalle sucede así: el ciclo comienza, como ya se ha indicado, en la cabeza. El centro de mando en el cerebro se encarga de enviar una hormona, a través de la sangre, a los ovarios. Esa hormona se llama FSH o más exactamente, hormona estimuladora de los folículos. Los ovarios disponen de determinadas zonas de recogida, en las que la FSH es tomada de la sangre. Estimula para que maduren los folículos, que, como ya se ha indicado, están presentes en la ovarios de la mujer desde su nacimiento. En cada ciclo, casi siempre madura un solo óvulo. No se sabe por qué es así. Tampoco se sabe por qué en cada ciclo sólo se siente «aludido» uno solo de los ovarios.

En la envoltura que recubre el óvulo, también se forma ahora una hormona: el estrógeno. Es la hormona sexual femenina más importante y tiene una serie de funciones. Entre otras, es responsable de la formación de la membrana del útero, una fina piel que recubre ese músculo hueco que es el útero. Esa membrana se hace cada vez más gruesa a medida que avanza el ciclo, ya que debe acoger el óvulo fecundado en caso de embarazo.

Una vez que el óvulo ha madurado, se forma una gran cantidad de estrógeno en él, que llega a la central de regulación de hormonas en el cerebro también a través de los conductos sanguíneos; el cerebro, a su vez, tiene preparada otra hormona, que ahora envía hacia «abajo», la LH, que provoca la ovulación y en la que el óvulo es arrastrado, con algo de líquido de los tejidos, hacia la trompa de Falopio: una bella hazaña del cuerpo femenino, ya que entre el ovario y la trompa de Falopio no existe ninguna unión. La trompa dispone de una abertura en forma de embudo, que se ensancha ligeramente en el momento de la ovulación, inclinándose hacia el ovario, que tiene forma de habichuela, para recoger el óvulo que se desprende de él.

El viaje del óvulo a través de la trompa hacia el útero dura aproximadamente cuatro días. En ese camino, puede ser fecundado por un espermatozoide. Mientras el óvulo «viaja», la envoltura del óvulo que ha quedado en el ovario comienza a formar una hormona más, la progesterona, también llamada cuerpo lúteo o cuerpo amarillo, debido al color de su envoltura. Esta hormona tiene que cumplir, a su vez, una serie de funciones: impide que el útero se contraiga y rechace un posible óvulo fecundado; gracias a ella, no se producen contracciones prematuras. Además cuida de que el útero esté bien irrigado con sangre y sea abastecido con sustancias nutritivas, para que esté en condiciones de alimentar una posible vida.

Si no tiene lugar un embarazo, algo que es el caso normal teniendo en cuenta los muchos años fértiles de la mujer, la pequeña bolsa del óvulo involuciona y deja de producir progesterona. El ciclo se acerca a su fin. Entre los diez y los catorce días siguientes a la ovulación, tendrá lugar la hemorragia menstrual, la regla: el útero se libera de la membrana en la que tendría que haber anidado el óvulo si se hubiera producido la fecundación. La membrana comienza a romperse y sale en pequeños trozos mezclada con sangre. El líquido menstrual, pues, no está formado exclusivamente de sangre, sino que la mitad está formado por mucosidad y trozos de membrana. Aproximadamente de 60 a 80 mililitros del líquido menstrual es expulsado en una regla, lo que representa aproximadamente la mitad de un vaso de agua. No es, pues, tanto como parece a veces. La cantidad de sangre perdida es sustituida inmediatamente por el cuerpo.

Según comprobaciones estadísticas, una regla dura por término medio entre cuatro y seis días. En algunas chicas y mujeres dura algo más, en otras menos. El primer día de la regla es, a la vez, el primer día del nuevo ciclo. La regla ha concluido cuando el útero se ha separado totalmente de su revestimiento interior. El ovario empieza de nuevo a formar estrógeno. Comienza un nuevo ciclo.

¿Debo tomar medicamentos con hormonas si la regla tarda demasiado en bajar?

Cada persona tiene su propio ritmo de evolución. En algunas comienza antes que en otras. Y todo eso es totalmente normal. Una se inquieta cuando la evolución es lenta o tardía, únicamente porque se cree que algo no funciona bien.

Y es muy normal que tú te hagas preguntas cuando ves a tus amigas y compañeras de clase que se desarrollan más rápidamente que tú. Pero es en la pubertad cuando las diferencias son mayores.

Y tampoco es necesario preocuparse si tú crees que eres demasiado baja. El ser humano no termina su crecimiento hasta los 18 o 20 años. Y las chicas que han sido bajas de niñas, alcanzan finalmente una talla normal. Si, a pesar de todo, persiste el sentimiento de preocupación por tu talla, habla con un médico. Un pediatra podrá responder a tus preguntas y proponerte una consulta con un endocrinólogo u otro médico especializado en alteraciones hormonales. Esos son, por lo general, pediatras que trabajan en clínicas para niños. En casos muy excepcionales prescriben hormonas de crecimiento.

Si esperas tu primera regla tendrás que armarte de mucha paciencia. Si quieres hablarlo con alguien, infórmate a través de un ginecólogo. Hablar con un médico no quiere decir ser auscultada. Un diálogo, respuestas a preguntas muy concretas, es con frecuencia suficiente para tranquilizarte y hacerte más fácil la espera, pues frecuentemente la producción de hormonas no es todavía suficiente para provocar la ovulación y las hemorragias.

En teoría, se puede provocar la regla siguiendo un tratamiento a base de hormonas. Eso no es necesario, ya que provoca hemorragias de forma artificial y en modo alguno acelerará tu desarrollo. Esos medicamentos dan la impresión a tu cuerpo de que alcanza un cierto estado de madurez, pero no influyen absolutamente nada en el proceso de desarrollo.

Sucede cada vez con más frecuencia que una chica, que haga deporte de competición o siga un curso intensivo de ballet, sea demasiado delgada y a causa de estos factores la capa de grasa en torno a sus tejidos sea demasiado fina. Y eso puede tener una influencia negativa en las primeras reglas. Estar demasiado delgada es un factor bastante negativo e incluso nocivo. También puede suceder que la regla se corte frecuentemente después de haber aparecido. En ese caso probablemente es necesario pasar por un tratamiento hormonal hasta que las hemorragias reaparezcan.

La regla, ¿un fenómeno verdaderamente regular?

A la hemorragia se le llama también regla, menstruación, indisposición o período. Ha recibido el último nombre porque en una mujer adulta aparece de forma bastante regular, según un cierto ritmo. El ciclo está, efectivamente, determinado por la ovulación. En la mayoría de las mujeres, la regla aparece cada 28 o 32 días. Esta frecuencia no es más que una media estadística que no te debe influir, ya que solamente una mujer de cada cien tiene reglas que aparecen realmente cada 28 días. En todas las demás, el ciclo es más largo o más corto. Cada mujer desarrolla su propio ritmo. El período entre dos reglas difiere de una mujer a otra. Nunca son idénticos cada mes para una misma mujer. Eso depende del estado de salud en el que se encuentre.

En la mayoría de las chicas, la ovulación tiene lugar de forma irregular después de la aparición de la primera regla, lo que significa todavía una mayor irregularidad en la aparición de la regla. Y cuanto más largo sea el tiempo que separa dos períodos de la regla, más se arriesga a que sean más fuertes, pues la mucosa que tapiza el útero se vuelve más espesa y más grande provocando hemorragias más importantes. Es necesario esperar un cierto tiempo para que se establezca un verdadero ciclo, por lo menos uno o dos años. Consiguientemente, no es extraño que tus reglas duren más o menos tiempo y que sean de diferente intensidad. Quizá tengas ganas de llevar una especie de calendario con las fechas de aparición de tus reglas; es la mejor forma de determinar la duración de tu ciclo. Anota igualmente cuándo has estado enferma, estresada, cansada o amorosa y comprobarás que tu humor y tu estado general influyen en la duración de tu ciclo y en la intensidad de tus reglas.

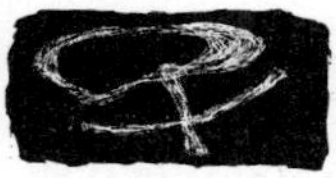

¿Es perceptible la ovulación?

Si una mujer se conoce bien, notará más fácilmente todos los pequeños cambios corporales y podrá comprobar su significado. Y le será posible decir en qué momento de su ciclo se encuentra. Muchas mujeres perciben claramente, hacia la mitad de su ciclo, cuándo llega a su madurez el óvulo, pasando del ovario a las trompas. Se puede sentir, por ejemplo, una tirantez, un pequeño pinchazo en el bajo vientre. Es el dolor del semiperíodo. Aparece generalmente en uno de los costados, ahí donde está situado el ovario y de donde sale el óvulo para comenzar su camino hacia el útero. Y, a veces, eso puede traer consigo pequeñas hemorragias.

Pero la ovulación, en ocasiones, también se anuncia algunos días antes. El orificio en el que termina el útero está totalmente cerrado por un tapón en tiempo normal, un tapón de mucosidad y flemas. Es una seguridad contra enfermedades, ya que ese tapón impide a los espermatozoides y a los gérmenes de enfermedades penetrar en el cuerpo. En el momento de la ovulación, se disuelve lentamente para dejar paso a los espermatozoides. Justo antes de la regla, esas flemas se vuelven fluidas, de tal forma que se las puede notar como un líquido que fluye de la vagina. Entonces es completamente transparente, inodoro y se puede quitar como un aglomerado fibroso (ver más detalles en la página 124). Después de la ovulación, esas flemas se vuelven lechosas y ya no tienen un aspecto fibroso.

Dolores y malestar, ¿necesariamente incluidos?

Durante la regla los músculos del útero se contraen ligeramente para poder separarse más fácilmente de la capa superior de la mucosa que lo recubre. Normalmente esta fase no es dolorosa. Lo más que se podrá sentir será un ligero pinchazo. Pero para algunas mujeres sí lo es. Eso depende también en parte de tu estado general. Lo que es todavía más cierto en la pubertad, período en que las hemorragias pueden ser todavía muy fuertes e inhabituales.

Muchas mujeres son frioleras durante sus reglas y buscan el calor: una ducha caliente o una bolsa de agua caliente puesta sobre el vientre resultan particularmente eficaces en el caso de fuertes dolores en esa parte. Un ligero masaje y tisanas a base de determinadas hierbas pueden tener un efecto milagroso. Si los dolores son verdaderamente demasiado fuertes, se puede recurrir a un analgésico suave. Es una hormona, la prostaglandina, el origen de esos dolores. Se forma en el útero y provoca, de manera cíclica, fuertes contracciones de éste que son dolorosas. El ácido acetilsalicílico es una sustancia que frena directamente la producción de prostaglandina e impide, por lo tanto, que aparezcan los dolores. Puedes preguntar en una farmacia qué medicamentos contienen esa sustancia.

Pero ciertos dolores durante la regla son también con frecuencia dependientes de un estrés o de fuertes tensiones emotivas. Es necesario, por lo tanto, prestar atención hacia todo lo que distrae y relaja: un rato de reposo en el sofá, una siesta con una bolsa de agua bien caliente, ejercicios de relajación como el yoga, la práctica de algún deporte o simplemente charlas con las amigas que están confrontadas a los mismos problemas. Si tus reglas son particularmente abundantes, es mejor de todas formas consultar con tu médico.

¿Las mujeres están realmente de mal humor y son imprevisibles durante la regla?

En tiempos pasados, la gente no conocía muy bien los mecanismos que regulan el cuerpo y no comprendía la lógica interna de los fenómenos que constataba, deduciendo las cosas más fabulosas. El ciclo, y las reglas en particular, formaban parte de esos fenómenos inquietantes. Hubo incluso un tiempo en que se creía que las mujeres eran por naturaleza y periódicamente seres enfermos, ya que perdían sangre. O se creía que la pérdida de sangre servía para evacuar las sustancias tóxicas que se encontraban en el cuerpo y de las que había que protegerse. Es así como nacieron las creencias de que la mayonesa y la leche se cortaban, de que las tartas no subían cuando las mujeres que tenían su regla estaban en contacto con esos alimentos.

Además se las consideraba impuras, al creer que atraían miasmas sobre los hombres. Todo eso estaba relacionado con las hemorragias y se prohibió a los hombres tener contactos sexuales con las mujeres durante sus reglas, así como en la semana siguiente. Durante ese período, las mujeres no podían participar en la vida pública y estaban prácticamente «encarceladas», recluidas, la mitad del mes. A causa de esta limitación, las mujeres, durante siglos, no han podido tomar parte, de manera continuada y en igualdad con los hombres, en la actividad política, comercial y social de su tiempo. No podían ejercer ninguna profesión, estaban literalmente unidas al hogar. Además, estaba muy extendida la opinión de que las mujeres estaban de muy mal humor en esos momentos y eran imprevisibles.

Todo eso no existe actualmente. Sin embargo, subsiste todavía frecuentemente en nosotras una mezcla de todas esas ideas. Y es por eso por lo que muchas mujeres rechazan el hecho de tener la regla. Según algunos expertos, ésa sería una de las causas de muchas dolencias concernientes a los dolores de vientre, las enfermedades o la irregularidad del ciclo. Sólo que la idea errónea de que una mujer deba sentirse peor antes y durante la regla, puede ocasionar un empeoramiento del humor y de la tendencia a la depresión. De la misma manera, se llega también a que la regla sea realmente dolorosa. Mientras el ciclo no esté todavía instalado de manera regular en las chicas jóvenes, este período es acompañado, efectivamente, en numerosos casos, de hemorragias, de pinchazos a la altura del estómago y de indisposiciones diversas.

Los científicos también han señalado que las mujeres que aceptan su feminidad, que viven en armonía con su cuerpo, perciben menos fuertemente las molestias provocadas por la regla y el ciclo menstrual. Es algo positivo para ellas, que les da fuerzas. Durante el período antes de la regla y durante ésta, se sienten particularmente creativas y alegres. Está claro: las mujeres pueden estar orgullosas de su regla y de su ciclo. Y en particular cada chica que tiene su regla por primera vez.

Es así como se siente en otras culturas, donde las reglas son vividas de manera muy positiva. La primera regla es festejada y los dolores de la regla son prácticamente inexistentes. En algunas tribus indias, el hecho de hacerse mujer da lugar a grandes celebraciones. Las jóvenes de la tribu de los Makololo en Zimbabue cambian su nombre en ese momento y pueden bailar y festejar durante siete días con sus amigas para celebrar el acontecimiento.

¿Tendrán mis pechos la forma correcta?

Los senos aumentan en la pubertad ya que las glándulas mamarias, situadas debajo de los pezones, comienzan a formarse. Son las que más tarde producirán la leche para alimento del bebé. Los pechos, primero, van a alargarse en punta para seguidamente ensancharse y redondearse suavemente. Serán necesarios varios años para pasar de los pequeños pezones a los senos «adultos». Es a la edad entre los 16 y los 18 años cuando habrán alcanzado su configuración final. Probablemente, un pecho se desarrolle más que el otro, lo mismo que todo el mundo tiene los pies de tallas diferentes y las manos también ligeramente diferentes. El crecimiento del pecho puede ocasionar sensaciones de tensión, de pesadez e incluso de picazón. Si las molestias se hacen demasiado fuertes, puedes ponerte un sujetador y colocar un poco de algodón delante de los pezones. Para dormir, debes ponerte un camisón suave que no roce. Esto, generalmente, es suficiente para proteger los extremos de los senos (los pezones), que son muy sensibles. Cuando tus pechos sean más grandes, te gustará llevar sujetador. Los hay muy chic. La función del sujetador es la de aliviar a los ligamentos que sostienen los pechos de una parte del peso de éstos. En todo caso, es recomendable utilizarlo para practicar deporte o para correr.

Muchas chicas se preocupan de sus pechos. Tienen miedo de que no tengan «buena» forma. Creen que sus pechos son demasiado pequeños o demasiado grandes, demasiado erguidos o demasiado caídos o que sus pezones son demasiado oscuros. Las mujeres son así de sensibles con sus pechos porque éstos son una especie de interés público.

En casi todas las revistas resaltan los pechos relucientes, que corresponden todos a la misma talla y al mismo modelo. Lo que da la impresión de que existe una forma ideal y que sólo ésa es bella. No tienes por qué preocuparte, ya que las modelos han sido seleccionadas precisamente porque sus pechos tienen esa forma. En cada mujer, la forma de los pechos es personal y esa forma no entra necesariamente en los esquemas de moda. Es algo tan personal como el color de los ojos o las huellas digitales. La forma de tus pechos depende, en primer lugar, de la herencia genética de tus padres. Generalmente, se encuentra la misma forma en las mujeres de una misma familia. Las glándulas mamarias tienen, en todas las mujeres, prácticamente el mismo grosor. Es el tejido que se encuentra entre las glándulas el que determina la forma del seno. Y nada lo puede modificar; las dietas de adelgazamiento no lo harán disminuir, los masajes y la gimnasia o los excesos alimenticios tampoco lo harán agrandar. Los pechos de la mujer juegan también un importante papel en la sexualidad, ya que en ellos se encuentran nervios muy sensibles. El hecho de tocarlos o de acariciarlos puede provocar o aumentar el deseo sexual. Y eso no depende en nada de la forma de los senos. Como tampoco tiene ninguna influencia en la capacidad de amamantar a un bebé.

¿Qué es distinto en los chicos?

Los chicos comienzan su pubertad unos dos años más tarde que las chicas. En ellos, esta evolución también está provocada por las hormonas. Hacia los 11 o 12 años, el chico nota que sus testículos se agrandan. Aproximadamente un año después, es el pene el que empieza a agrandarse. Su voz cambia progresivamente: la voz infantil bastante aguda se va convirtiendo en voz grave de hombre. La sexualidad y la fecundidad son, como en la mujer, dirigidas por el cerebro, que envía hormonas hacia los testículos, que, a su vez, se ponen a producir hormonas. La más importante es la testosterona. Es la que, en la pubertad, permite que se desarrollen los órganos sexuales, la que hace crecer los pelos, la barba y el vello púbico, la que modifica el timbre de la voz. Ella es la responsable del aspecto masculino del cuerpo, de la anchura de las espaldas, de las caderas estrechas y de los músculos pronunciados. Ella aumenta la producción de sebo en la piel, lo que provoca la aparición de puntos negros y de acné.

Lo mismo que en las chicas, los órganos sexuales están presentes al nacer. Se componen del pene, de los testículos y los epidídimos, que son visibles en el exterior del cuerpo, del conducto seminal, de la vesícula seminal, de la próstata y de otras glándulas. El pene está formado de pequeños cuerpos cavernosos, que cuando el chico o el hombre está sexualmente excitado se llenan de sangre y se endurecen, lo que permite al pene, que habitualmente es un pequeño miembro blando, endurecerse y aumentar de tamaño, dando la impresión de contener un hueso. Es así como la naturaleza se las arregla para estar segura de que él puede penetrar en la vagina de la mujer.

El prepucio constituye, de hecho, la reserva de piel utilizada cuando el pene se endurece y se alarga. Se mantiene unido por un lado al pene por una fina tira. El extremo más grueso del pene se llama glande. Es la parte sexualmente más sensible del cuerpo masculino. Normalmente, el glande se encuentra protegido bajo el prepucio. Así mismo, en el pene se encuentra la uretra, por la que sale tanto la orina como el líquido seminal o esperma. Una especie de válvula impide el paso simultáneo de los dos líquidos.

Los dos testículos, de forma ovoide, están situados en las bolsas, entre las piernas. Están recorridos por pequeños nervios y vasos sanguíneos y son muy sensibles. Reaccionan fuertemente al más mínimo contacto. Los testículos se encuentran fuera del cuerpo, ya que para permitir la formación del esperma, es necesaria una temperatura más baja que la del interior del cuerpo. En los testículos se encuentran, fuertemente enmarañados, los pequeños conductos que transportan el esperma. En esos conductos es donde es producido, desde la pubertad, el esperma. Y es a este nivel donde es necesaria la testosterona. A partir de ese momento, un chico tiene la posibilidad de convertirse en padre. En los conductos del semen, se encuentran una multitud de pequeñas vesículas hormonales, que producen la mayor parte del líquido seminal, también llamado esperma. Cada uno de esos componentes tiene un importante papel que jugar. Son, por ejemplo, responsables de la movilidad del esperma. La formación del esperma es un proceso muy complicado que puede ser fácilmente alterado, por ejemplo, por el estrés, la nicotina, o por las toxinas procedentes del entorno. Es necesario calcular aproximadamente 64 días, un poco más de dos meses, para que un espermatozoide pueda estar «preparado» para entrar en acción.

Los chicos tienen distintos problemas que las chicas en la pubertad. Por ejemplo, desde el principio, son mucho más conscientes de sus pulsiones sexuales. Son confrontados con la sexualidad de forma muy brusca: a causa de la puesta en marcha de las hormonas, el pene se pone tieso regularmente y, sobre todo, en momentos totalmente imprevisibles. Muchos chicos, con frecuencia, se levantan por la mañana con el pene tieso. Es suficiente el roce de la ropa para provocar una erección. Lo que necesariamente es muy desagradable y doloroso. Cuando se ha acumulado demasiado esperma en los testículos, el cuerpo a esa edad se descarga a través de una eyaculación nocturna. Es lo que se conoce con el nombre de «sueños húmedos». Es también una de las razones por las que los chicos descubren más rápidamente la masturbación que las chicas, ya que les procura un alivio agradable cuando la presión se hace demasiado fuerte.

Desde la pubertad, los chicos comienzan a compararse y competir. Parece que la mayor preocupación de los chicos reside en el hecho de que su pene pudiera no ser suficientemente grande. Eso proviene de un prejuicio muy corriente que dice que tener un gran pene es sinónimo de virilidad. Pero la naturaleza compensa la diferencia de tamaño: el pene en erección tiene de 10 a 15 cm, independientemente de su tamaño inicial. La longitud de la vagina es de un tamaño similar.

Cuando el amor te hace una seña, síguele,
Aunque sus caminos sean duros y escarpados.
Y cuando sus alas te envuelvan, entrégate a él,
Aunque la espada oculta bajo sus plumas
pueda herirte.
Y cuando él te hable, cree en él,
Aunque su voz pueda hacer añicos tus sueños
como el viento del norte arrasa el jardín.

El amor

¿El primer amor es siempre el gran amor?

Así es como generalmente se siente, pero sólo es así muy raramente.

¿El amor hace daño?

Puede ser así, en efecto. A una le duele «todo» cuando se ama locamente.

¿Cuándo debería enamorarse una por primera vez?

No hay ninguna regla al respecto. Nadie puede decidirlo.

¿Te puedes enamorar de repente?

En cuestión de fracciones de segundo, como cuando cae un rayo.

¿Es normal estar enamorada de varios chicos a la vez?

¡En la adolescencia sí!

¿Termina alguna vez el mal de amores?

Sí, aunque parezca inimaginable cuando una está metida en él.

¿Qué puedo hacer si soy celosa?

Sobre todo continuar siendo honesta contigo misma.

¿Cómo parecerle la mejor?

¡Intenta atraer su atención manteniéndote natural!

¿Cuál es la mejor forma de romper con alguien?

Imagínate que tú te encuentras en su lugar.

¿Por qué mi amigo me habla tan poco de sus sentimientos hacia mí?

Los hombres no saben cómo hablar a las mujeres, pero él te lo muestra con su forma de actuar.

Pero, ¿qué es el amor?

Es casi imposible explicar qué es el amor y en qué se diferencia de otras sensaciones. Lo cierto es que el amor es una pura cuestión de sentimientos, no tiene nada que ver con la razón. El amor se encuentra sencillamente ahí, no se le puede atraer u obligar con el pensamiento. Viene y va como él quiere.

Hay diferentes clases de amor y para cada persona significa algo distinto: los padres aman a sus hijos, los hermanos se aman (aunque a veces no lo sientan), los niños aman a sus abuelos, a sus animales, sus juguetes, las amigas se aman, las personas de edad aman, entre otras cosas, sus recuerdos. Amor significa un caluroso sentimiento y la firme voluntad de apoyar al otro y mantenerse unido a él ante cualquier situación. Cuando se ama así y se es amada, una se siente protegida, está contenta y feliz.

A partir de la adolescencia, el amor gana una nueva perspectiva: ahora también se quiere indicar el estar enamorada, de lo que puede surgir el amor, una especie de explosión originaria del amor, una situación especial, gratificante, del estado de excepción al que está unido el deseo de que todos los sueños se conviertan en realidad. El amor, por lo general, se desarrolla entre la mujer y el hombre, entre chicas y chicos, pero también entre chicas y chicas, entre chicos y chicos. Lo nuevo y determinante en ese amor es el que la sexualidad juega un papel muy importante. Incluso cuando una pareja no quiere hacer el amor de inmediato, algo vibra muy especialmente entre los dos.

La primera experiencia en esa situación de amor es,

por lo general, una especie de entusiasmo romántico. Tú misma comienzas quizá a entusiasmarte por otra persona que ni siquiera conoces o sólo de vista, quizá por un cantante pop, un profesor, el hermano de tu amiga o por el chico de la clase superior. Puedes pasarte horas enteras imaginándote cómo sería verdaderamente el estar con ese chico o con ese hombre. Fantaseas con situaciones en las que él se encuentra rendido a tus pies, te lleva en brazos, te idolatra porque eres tan bella, rica, exitosa y lista. Sueñas cómo os besáis, incluso cómo hacéis el amor. Esto es, en cierta forma, practicar para el caso serio. También más tarde, cuando te acabes enamorando de alguien, soñarás de alguna forma con esas íntimas películas. Algo totalmente normal y que puede ser muy bonito.

Si dos personas se enamoran verdaderamente una de la otra, cuando están juntas, se sienten como si vivieran en un mundo diferente. Se encuentran de maravilla la una con la otra y se ven mutuamente como únicas. Se miran a los ojos durante horas, olvidan todo a su alrededor y no son precisamente una ganancia para su entorno inmediato, pues no ven ni oyen nada más que a ellas mismas.

Naturalmente, ese estado anímico no dura mucho. En algún momento, en toda pareja regresa el cada día. Eso puede ser el pistoletazo de salida para el gran amor, pero también el comienzo del fin. En la adolescencia, en la mayoría de los casos, sucede lo último. Y eso está bien así, ya que los adolescentes tienen que acumular experiencias, pues también el amor necesita ser aprendido. Por eso puede suceder que tú estés enamorada de dos o más chicos a la vez. Y es que no todo enamoramiento se convierte en algo. Visto más detenidamente, no abundan las personas que se entiendan muy bien. También algunos enamoramientos se convierten en auténticas amistades. En esa clase de relaciones, sucede que no raramente uno está más enamorado que el otro. Duele cuando el amor de una no es correspondido de la misma manera. Por cierto, eso es válido naturalmente para un chico que esté enamorado de ti y para ti si estás enamorada de él. Sería importante que conviertas en regla de juego no jugar con el amor de un chico, no herir sus sentimientos. Tampoco cuando hayas sido tratada mal por alguien y quieras vengarte del sexo masculino. Sé siempre tan sincera como te sea posible y no intentes jueguecitos con él. A la larga te merecerá la pena un comportamiento honesto.

¿Por qué precisamente él y no otro?

Seguro que ya en tu niñez te has interesado por uno u otro chico, posiblemente de tu clase. Algunas chicas y algunos chicos «salen» ya juntos desde EGB. Eso es algo así como un «pequeño enamoramiento». No es posible predecir cuándo te vas a enamorar de verdad por primera vez. Algunas tardan más tiempo, a veces porque no hay nadie ahí de quien una se pueda enamorar. Para otras, es más rápido.

Pero en un determinado momento le sucede a todo el mundo: el primer encuentro, la primera mirada, la segunda mirada, confusión, toma de contacto, se siente un calorcito en el vientre, la tierra tiembla. Con frecuencia, todo sucede en pocos minutos: enamorada, encaprichada, deslumbrada. Perdida para el mundo, por ahora.

Pero también puede ser distinto: ves a una persona conocida, incluso una que te resulta familiar, aprendes a reconocer en ella unas sorprendentes particularidades o quizá descubras que tiene unas bonitas manos u otra cosa en la que antes no te habías fijado. Y de pronto, se funden los plomos y mil veces no había pasado nada, pero ahora se anuncian las mil y una noches.

Lo que en ese momento sucede en el cuerpo humano, ocupa a los científicos. Han encontrado que el responsable de esos «fuegos artificiales» de hormonas es el cerebro. La hormona del amor (llamada oxitoxina) puede provocar, al parecer, sensaciones de amor, de placer, de pasión, de ternura. Lo que no está claro es cómo se pone en marcha la producción de esa hormona. Sin embargo, la hormona del amor no controla a quién van dirigidas esas sensaciones. Eso depende de otras cosas. Así que no puedes hacer que alguien determinado se enamore de ti echándole en el vaso una píldora. De la misma forma, es totalmente inútil que una misma se quiera engañar sobre sus sentimientos íntimos. Y, claramente, juegan un importante papel otras hormonas, especialmente las hormonas sexuales.

Así que sigue siendo un secreto por qué tú ante la presencia del amable chico de ojos azules o de pelo negro rizado del grupo musical, sientes que te flaquean las rodillas y que se te «nubla» el cerebro. Probablemente exista una especie de fotografía interior de «se busca», que se va formando en el transcurso de la vida y que, naturalmente, puede cambiar continuamente. Eso depende de tu formación, tus experiencias, tus recuerdos, tus ideas y tus prejuicios, pero también de tu olor corporal, de quien tengas enfrente, de su voz, de su mirada, del aspecto, quizá también incluso de su ropa o del momento. La mayoría de las personas buscan a alguien que, de alguna manera, se parezca a ellas, un ser familiar. Pero otras son atraídas por personas exóticas, que son totalmente distintas a ellas. De ahí proviene el dicho de que «los polos contrarios se atraen». Esa «mezcla» cambia según el caso, bien seguro, por las experiencias que una adquiere y cómo las digiere.

En la mayoría de los casos, la «aproximación» parte de la chica o de la mujer. Por cierto, también esto es así en la mayoría de los animales. La hembra determina cuándo, con quién y cuántas veces se empareja. Los machos compiten entre ellos, incluso frecuentemente luchan. Por lo general, la hembra «corona» al más fuerte. También en las mujeres creen los científicos haber observado ese comportamiento. Piensan que serían restos de la historia del desarrollo humano: las mujeres caen automáticamente rendidas en los brazos de los hombres más guapos y más fuertes y que más pueden ofrecerles. Con ello, buscan el mejor padre para sus hijos.

Según esa teoría, mujeres fuertes y exitosas impondrían poco a los hombres. Hoy sabemos que, por fortuna, algo ha cambiado. Las mujeres ya no tienen que ocultar su personalidad para encontrar al compañero adecuado. En definitiva, una profesión y una buena dosis de fuerza para imponer criterios hacen a una mujer mucho más atractiva.

En la vida real y en el amor verdadero, algunas de esas teorías son, de todas formas, indiferentes. Incluso sabiendo exactamente lo que pasa por nuestra cabeza, los sentimientos terminan haciendo lo que quieren. Sencillamente, nos enamoramos de aquel que nos tenemos que enamorar. No se puede forzar esa chispa.

Cada vez es nuevamente una misteriosa historia propia, de la que al principio no se puede predecir cómo será el final.

¿Cómo superar que me haya dejado?

«La primera vez duele mucho, la segunda duele más todavía y ahora sé que una no se muere», dice una conocida canción.

La mayoría de las canciones hablan del amor, del sufrimiento, del corazón herido. En todos los tiempos, los cantantes, los poetas y los pintores han intentado, con más o menos éxito, expresar un sentimiento que nos puede alcanzar, una y otra vez, con más o menos virulencia. Evidentemente, nadie se libra de ello, igual el joven que el viejo, el pobre que el rico. La amargura de un amor fracasado o no correspondido puede conmocionar fuertemente a una persona, incluso a veces en sus propios fundamentos de vida.

No se puede predecir de qué forma le afectará a una. A veces resulta más fácil de soportar, otras es más difícil. Algunas personas son capaces de superarlo más fácilmente. Otras, por el contrario, son de «sangre caliente». Tú misma quizá tengas distintas experiencias según el caso: en una ocasión no te dolerá tanto, pero en la próxima, cuando te abandona la persona amada, tienes la sensación como si cayeras del séptimo cielo en un agujero negro. No te puedes imaginar la vida sin él.

Te sentirás especialmente herida si él te deja por otra. Según sea el sentimiento amoroso y lo personalmente que hayan estado «unidas», algunas personas tienen ideas suicidas en esos momentos. Y es imprescindible una ayuda exterior para poderlo superar.

En un caso normal, ese dolor y esa tristeza por el amor perdido terminarán por pasar. Sin embargo, la mayoría, después del *shock*, tiene que vérselas con un caos de odio y furor, desesperación, miedo e inseguridad personal. Los síntomas del mal de amores son siempre los mismos: no se puede dormir, ni comer, ni concentrarse en nada. Y una se siente como rota. De alguna forma, todo está vacío.

Si te ves en esa situación, es bueno tener a alguien –una amiga, una hermana o tu madre– con quien puedas desahogarte llorando sin reservas. No necesitas reprimirte. Llorar es muy sano y especialmente en estos casos. Las lágrimas disuelven la presión acumulada y te ayudan a encontrar de nuevo el equilibrio sentimental. Esto vale también para otros problemas emocionales, para los problemas del colegio, por ejemplo. Los que reprimen toda efusión de llanto y no se permiten dejarse ir ni siquiera un poco, corren el peligro de enfermar. Eso te lo demuestran frecuentemente los adultos. El que siempre se guarda todo para sí terminará con úlcera de estómago.

Las lágrimas son un cóctel tremendamente complicado, formado de componentes diversos: oxígeno, una cierta cantidad de minerales, vitaminas, enzimas y diferentes clases de proteínas. Según sea lo que ha provocado las lágrimas, la mezcla será distinta. Con el llanto, el cuerpo se libra de sustancias tóxicas, que se han ido formando en el cuerpo con el estrés y la amargura. Así que ¡fuera con ellas, sin falsos pudores! Las lágrimas vertidas por un amor desgraciado llenan todo un océano y las tuyas deben ir tranquilamente también a parar allí.

No intentes negar que él te ha dejado. Esa no es una postura realista y prolonga el tiempo de sufrimiento. En general, la relación rota no era verdaderamente la correcta o hacía tiempo que tenía una fisura. Y en la ruptura siempre participan dos, aunque no siempre se quiera admitir. El conocimiento de una misma le libera a una de la presión, aunque sucede lentamente y con dolor. Pero también ese proceso deja el campo libre para el próximo amor.

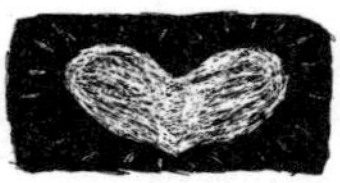

Él tiene otra, ¿cómo puedo superar mis celos?

Nadie que ame está exento de los celos y tampoco de la infidelidad. Quien se vea engañado por su pareja, reaccionará siempre celoso. Así que tampoco aquí hay nadie que se vea libre de ello en su vida. Los celos pueden ser como una fiebre: constantemente pasan por la cabeza las mismas imágenes, se le ve en su relación con la otra, cómo se acarician, cómo hacen el amor, cómo es mucho más amable, cariñoso y alegre, cómo hace con ella cosas que nunca hizo contigo. Independientemente de que esto sea cierto o no, una no consigue liberarse de esas imágenes, que te llevan al odio, a la ira, a la envidia y a dudar de ti misma. Esa parte oscura del amor también lleva a la sensación de que nos han quitado algo y de que alguien, al que amamos, nos compara con otra persona y en esa comparación salimos mal paradas. Eso viene del miedo a no poder competir con la otra y también de sentirse una impotente ante ella, ya que la mayor parte de lo que sucede tiene lugar a nuestras «espaldas», esto es, sin que nosotras estemos presentes, lo que viene a representar una amenaza elemental. Y así reacciona nuestro cuerpo en esos momentos: se prepara tanto para la lucha como para la huida. La central de mando en el cerebro pone en marcha una reacción en cadena: para colocar al organismo en situación de alarma, las glándulas suprarrenales tienen que producir más adrenalina, nuestra hormona de protección. El corazón late más rápido, el cerebro y los músculos son abastecidos con más oxígeno, el cuerpo se cubre de un sudor frío. En la mayoría, desaparecen las ganas de comer. Pero también algunos reaccionan comiendo excesivamente para compensar el amor perdido. Se puede decir con cierta seguridad que ese comportamiento no redondea el alma sino el cuerpo.

Mientras que los chicos y los hombres celosos tienen reacciones agresivas, incluso agrediendo al otro o causándole algún daño, las mujeres, por el contrario, actúan con astucia y malicia, tejiendo intrigas contra la otra. Pero las mujeres también perdonan más rápidamente la infidelidad, porque para ellas, por lo general, es más importante la unión sentimental. Así con frecuencia «unen» donde ya no había nada que unir.

La falta de autoestima es, con frecuencia, la causa de los excesivos celos. Una buena porción de autoestima protege de la parte destructiva de esos sentimientos. Para ello, en la adolescencia se colocan importantes fundamentos. Si te llegas a encontrar en una situación semejante, en primer lugar debes ser amable contigo misma. No cometas el error de convencerte de que a ti ya no te quiere nadie o de que todo el mundo te señala con el dedo. Tampoco intentes reprimir tus celos, sino comprenderlos. Nadie pasa por la vida sin heridas. Desahógate con tu madre, con tu amiga o con una persona totalmente neutral. Eso ayuda más que pensar algo malo para tu hipotético contrayente. Haz cosas que te gusten y te distraigan: practica algún deporte, vete al cine con una amiga, lee un buen libro, planifica las próximas vacaciones o vete de excursión con los amigos. En definitiva, ¡tú eres la persona más importante de tu vida!

¿Qué puedo hacer para que él se fije en mí?

En tu niñez, probablemente los contactos con los chicos fueron totalmente normales y sin conflictos. Todo eso se vuelve complicado con la adolescencia y los sentimientos amorosos que se despiertan a esa edad. En cuanto comienzas a interesarte por alguien, posiblemente te resulte difícil comportarte de forma natural en su presencia. Interpretas sus gestos y opiniones sin saber qué hay realmente detrás. Probablemente pasarás mucho tiempo pensando qué ha dicho y cómo lo ha dicho y si él –¡ojalá!– también se interesa por ti. Tu mayor miedo es que quizá no te encuentre atractiva. Te preguntas cómo te puede encontrar más atractiva, qué debes hacer y qué debes ponerte para agradarle. En una palabra, qué puedes hacer para que él sólo tenga ojos para ti.

Y, naturalmente, piensas cómo acercarte a él. La mayoría de las chicas continúan esperando a que el chico dé el primer paso. Algo ciertamente comprensible, porque es también más sencillo: el que es preguntado tiene siempre la posibilidad de decir sí o no. Por el contrario, el que tiene que preguntar corre el riesgo de recibir un desaire. Seguro que te puedes imaginar que los chicos han estado siempre bajo una fuerte presión por ello. Hoy, sin embargo, las chicas toman ellas mismas la iniciativa.

Nadie piensa y vive sólo para sí misma, sino que siempre se tiene en mente qué opinarán los demás sobre algo determinado. Así sucede también con la idea que nos hacemos sobre el «correcto» comportamiento del hombre y de la mujer en la sociedad. Ahora que estás en la adolescencia, también para ti supondrá una cuestión importante. Antes estaba claro que las chicas jugaban con muñecas, acataban todo de buen grado y daban importancia a las actividades hogareñas. Por el contrario, de los chicos se esperaba fuerza y vigor y fueron educados desde pequeños para ocultar sus sentimientos. Con ello, ambos sexos tenían que negar una parte de su yo.

Hoy, por suerte, la mayoría de los niños no son educados así. Pero a pesar de que hoy sabemos que las chicas también son fuertes e inteligentes y los chicos calurosos y tiernos, todavía no se desprende uno de los viejos prejuicios. Y así seguimos esperando a que el hombre dé el primer paso y la mujer espera hasta que se lo piden. Es así como se crea mucha inseguridad en ambos. Sería estupendo que tú rompieras ese molde. Aunque no seas demasiado optimista, porque no todos los chicos por los que te interesas supondrán verdaderamente algo para ti. Ya de por sí supone algo positivo el que te agrade alguien y que estés a gusto con él.

Lo más importante es que seas tú misma y no intentes aparentar lo que no eres. No lleva a ninguna parte imitar a alguien que tú admiras. Resulta artificial y no te aporta nada. Compórtate de forma natural.

Hay un montón de cosas que te permiten mostrar tu interés: mirarle a los ojos, sonreírle, escucharle, averiguar qué le interesa, unirte a su pandilla o simplemente invitarle a cualquier actividad. En todo caso, es importante hacerle saber que te interesa su compañía. Aunque te cueste un esfuerzo hacerlo. En definitiva, él no puede leer tus pensamientos. No sería bueno, desde una postura de orgullo mal entendido, que hicieras como si el chico no te importara lo más mínimo o incluso que bromearas con tus amigas sobre sus intentos, quizá torpes, de acercarse a ti. Eso no hará más que herirle y alejarle de ti. Tampoco debes olvidar que los chicos también están viviendo una fase muy difícil y tienen la misma o menos experiencia que tú.

¿Cómo dejarle sin herirle?

Entre los adolescentes, se da una gran importancia a la fidelidad y mientras están con alguien, se mantienen fieles.

Pero a esa edad hay tantas personas y tantas formas de amor por descubrir... Eso pone en peligro la fidelidad y lleva a que las relaciones se rompan continuamente. Es, por lo tanto, normal si también a ti te sucede.

Si ya tienes un nuevo amigo, te resultará más sencillo separarte del anterior. Comienzas a compararlos. Puede que critiques a tu antiguo amigo delante de los otros. Así probablemente intentas una salida más airosa. Es algo que está bastante extendido, pero no es la forma más elegante. El chico con el que salías hasta ahora posiblemente no es peor que el que ahora has encontrado. Sólo que quizá tú has notado que no os entendíais tan bien. Seguro que estará mejor con otra chica. El proceso de separación te resultará más difícil si no has conseguido un nuevo amigo y tampoco tienes interés en seguir con el actual. En ambos casos, debes actuar con tacto. Imagínate qué sería lo peor para ti si te encontraras en su situación y evita hacérselo. Eso significa: sé tan directa y sincera como te sea posible, intenta no herir su susceptibilidad y si tienes la sensación de no conseguirlo, por una vez puedes echar mano de una mentira piadosa. Naturalmente, tienes que salir de esa situación sana y lo más rápidamente posible.

¿El amor tiene el mismo sentido para una chica que para un chico?

El amor es nuestro sentimiento más poderoso. Por eso, las expectativas que unimos a él terminan no raramente en un caos insoluble. Los chicos y las chicas tienen, con frecuencia, expectativas diferentes respecto al amor. Cuando se trata de los sentimientos de uno hacia el otro, a veces se abren abismos y quizá tú tengas la sensación de que tu amigo es de otra galaxia. La razón es que los dos sexos hablan un idioma muy distinto: las mujeres quieren ser comprendidas, sin tener que hablar directamente de sus deseos. Buscan, más bien, la proximidad total con el compañero y quieren hablar todo con él. Los hombres háblan menos de sus sentimientos, mantienen más distancia y no quieren descubrirlos. Eso las mujeres lo perciben como una falta de amor, aunque no lo es. Los hombres se sienten más afectados por contenidos e informaciones, las mujeres buscan más la confianza y la comprensión.

Desde pequeños, las chicas y los chicos tienen una relación distinta con el lenguaje: para ser buenas amigas, las niñas necesitan hablar ininterrumpidamente entre ellas y se confían mutuamente sus secretos. Se comportan absolutamente igualitarias, quieren armonía y ninguna pelea. Los niños se comportan de forma diferente: participan juntos en algo, hacen deporte o viven aventuras juntos. En su grupo, reina un orden jerárquico, la conversación entre ellos no es importante.

Así sucede que a vuestra edad o como adultas, queréis del otro algo distinto. Esperas de tu compañero que sea tu mejor amigo y te lo cuente todo. Él pide algo totalmente diferente. Para él, amistad significa hacer algo juntos –jugar al fútbol, por ejemplo, o ir al cine–. Eso para ti puede ser muy decepcionante. Pero si sabes que muchas cosas son distintas a como a ti te llegan, eso te ayudará.

¿Es posible el amor sin sexualidad?

Sexualidad y amor son dos procesos que, ciertamente, están relacionados entre sí, pero que no pueden ser confundidos. La sexualidad es posible sin amor. Y el amor puede desarrollarse sin sexualidad. Sin embargo, la sexualidad está tan valorada en nuestra sociedad que, a veces, el amor es olvidado. O se confunde el sexo con el amor. El amor puede crear las condiciones para que la sexualidad gane en claridad, belleza y alegría espitual. Pero lo uno no tiene que ir unido necesariamente a lo otro.

En la mayoría de las chicas, las relaciones amorosas no tienen que ver, en primer lugar, con el sexo. Anhelan mucho más a una persona que les ofrezca ternura y las comprenda. Quieren compartir con su amigo ideas y sensaciones, consultar dificultades con él. Quieren, sobre todo, estar con él el mayor tiempo posible y hacer muchas cosas juntos. Quieren estar en primer lugar para él –no en el último, después de las clases, la pandilla y el fútbol–. Las chicas buscan la intimidad más que los chicos.

Para ellas, el sexo es una posibilidad de estar cerca de él. Para muchas chicas, la satisfacción sexual no es especialmente importante al principio. Ceden con frecuencia a los deseos de su amigo, sin que realmente quieran, no se atreven a decir que no. No quieren perderlo o dar la impresión de que son unas estrechas, o también para poder estar a la altura de otras chicas. Sin embargo, en una buena relación hay un montón de cosas que funden a la pareja sin tener que acostarse juntos si uno de los dos, o ambos, no lo desea.

El amor y la sexualidad tienen un valor distinto según las distintas épocas. A veces se ha extendido la idea de que para los chicos el sexo es más importante que el amor, y al revés para las chicas. Lo cierto es que los chicos hablan con más dificultad que las chicas de sus sentimientos, quizá también tengan un impulso sexual más fuerte en la adolescencia. En esa fase, el amor es más importante para las chicas que el sexo. Habrá que esperar un tiempo para que eso se equilibre. La mayoría de las personas sueñan con encontrar un día a alguien de quien poder enamorarse y con el que poder disfrutar también de una perfecta armonía sexual.

Vuestra alma es con frecuencia un campo
de batalla,
donde vuestra razón y vuestro juicio combaten
vuestra pasión y vuestro deseo.
Por eso, dejad al alma elevar vuestra razón
a la cima de la pasión para que cante;
y que la razón dirija vuestra pasión.

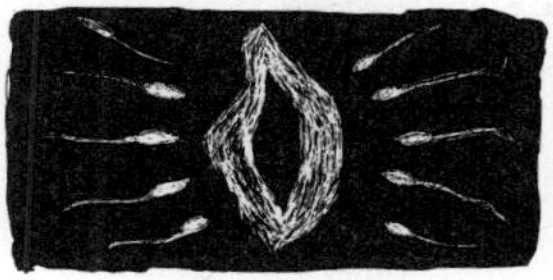

La sexualidad

Todavía no tengo ganas de acostarme con él. ¿Es esto normal?

Todo lo que tú verdaderamente quieras o no quieras, es normal.

¿Por qué los chicos tienen tanta prisa por el sexo?

Porque ellos están condicionados biológicamente de distinta forma y se encuentran bajo una fuerte presión.

¿Es posible el amor sin sexo?

Sí, lo mismo que el sexo sin amor.

¿Puedo quedarme embarazada con el *petting?*

No, a no ser que el semen del chico llegue a tu vagina a través, por ejemplo, de las manos después de una eyaculación.

¿Debo fingir un orgasmo?

Ni se te ocurra, porque con ello no le haces ningún favor. Y menos a ti. Además, ¡no tiene por qué haber orgasmo todas las veces!

¿Cuál es la mejor posición para hacer el amor?

La que os convenga a los dos.

¿Podemos prescindir del preservativo si yo tomo la píldora?

Mejor no. Eso depende de si sois una pareja estable y fiel, cuánto tiempo lleváis juntos y con quién y con cuántos habéis estado cada uno de vosotros antes.

¿Qué medio anticonceptivo es bueno para mí?

Seguro: la píldora. En todos los casos, el preservativo para él.

¿Con qué frecuencia puede masturbarse una?

¡Tantas como te apetezca!

¿Qué debo hacer si quedo embarazada?

Buscar ayuda lo antes posible en un centro de planificación familiar o en el ginecólogo.

¿El paraíso?

Muchas chicas tienen curiosidad por el sexo, pero, a pesar de ello, prefieren esperar hasta que llegue el «elegido». Quién será, sólo se puede saber en teoría. En el entusiasmo del enamoramiento, difícilmente se puede opinar al respecto porque, como se ha comprobado, los sentimientos, a esa edad, pasan tan velozmente como vinieron. Así que, por propia seguridad, es mejor actuar con cuidado para no verte expuesta a la presión del sexo. Tienes todo el tiempo del mundo.

Primero hay que verlo con toda tranquilidad: la sexualidad sirve a las personas para su procreación. Gracias a ella, los niños nacen y continúa la humanidad. Para que esto funcione, la naturaleza lo ha dispuesto de forma que la sexualidad sea un placer y despierte un fuerte deseo en las personas. La sexualidad impulsa una relación estrecha entre dos personas y colabora a que formen una familia. La sexualidad nos permite expresar sentimientos de amor y de unión con una intensidad y energía que no es posible sin ella. Es una manera muy especial de vivir y compartir con otra persona la proximidad, la intimidad y los sentimientos profundos.

Y no por último: el sexo de por sí divierte y, en definitiva, es un asunto placentero. Quien consigue disfrutar su sexualidad verdaderamente relajado, participa en una importante fuente de energía. Lo decisivo es que una escuche sus propios deseos y fantasías y no se deje imponer nada que no desee.

En una relación amorosa, la sexualidad y la ternura son algo más que acostarse juntos. El deseo de ternura, de proximidad y de calor humano es, con frecuencia, más fuerte que el deseo sexual. Antes de acostarse juntos, muchos adolescentes quieren conocerse bien y tener confianza entre ellos. La sexualidad debe desarrollarse lentamente en la pareja. Claro que en la primera noche puede ocurrir que «arranque el tren», sin haber mucho amor por medio. Pero lo que uno siente como rápido e incluso precipitado, puede parecer a otro insoportablemente lento y ser justamente lo correcto para un tercero.

Los sentimientos y los deseos no aparecen simultáneamente en los dos. Por eso, es importante desarrollar un ritmo que no sobrepase a ambos, que no abra demasiadas expectativas, no decepcione o no condicione posturas como, por ejemplo, «haz conmigo lo que quieras». Los chicos tienen frecuentemente más prisa que las chicas, lo que no es mala intención, sino que tiene que ver con su propia biología, que los coloca bajo una fuerte presión. Es importante, pues, que tú misma encuentres tu propio ritmo y es bueno que puedas decirle a tu amigo lo que tú esperas de él, lo que quieres y lo que puede venirte bien.

La sexualidad es algo maravilloso, por eso es muy importante evitar primeras experiencias desagradables.

¿A partir de qué edad se puede hacer el amor?

Muchas chicas se preguntan cuándo serán suficientemente mayores para acostarse con un chico. Eso no tiene una respuesta determinante, cada mujer tiene que descubrirlo por sí misma. El desarrollo físico no tiene mayor importancia en esta cuestión. Teóricamente toda persona, una vez que ha alcanzado la madurez sexual, puede tener relaciones sexuales. Y la madurez sexual aparece cuando una se siente todavía como una niña. Así pues, la madurez espiritual y psíquica juega un gran papel en esta cuestión. Lo determinante es que una se sienta suficientemente madura para la sexualidad. Es importante que ese paso sea dado con convencimiento y afirmación propia.

Muchas de las dificultades que aparecen al acostarse juntos tienen que ver con que uno de los dos todavía no está dispuesto interiormente y, en realidad, no quiere hacerlo. Eso sucede especialmente la primera vez. La presión para acostarse juntos puede venir de diferentes lados: del amigo, del grupo de amigas, de las que una piensa que ya lo tienen «detrás de sí».

Los motivos que más a menudo se mencionan para acostarse juntos, en ese contexto, son la mayor presión sexual del chico y el hecho de que muchos chicos quieran hacerlo con más frecuencia que las chicas. Eso puede tener que ver con la «predisposición» biológica del chico y también porque todo el mundo espera de ellos que se «desahoguen» sexualmente. En la pubertad, la mayoría de los chicos ya tienen experiencias sexuales, sobre todo a través de la autosatisfacción, de la masturbación, algo que no sucede en las chicas, que descubren su sexualidad mucho más tarde, lo que puede llevar, de nuevo, a que algunas chicas no se atrevan a hacer aquello que les gustaría. Es evidente, pues, que tus expectativas serán diferentes que las de los chicos. Por ello, es importante que tú intentes descubrir tu propia opinión y escuches tu voz interior. Porque eso lo tiene que aclarar cada pareja. Hablar de las diferentes expectativas no significa, sin embargo, dejarse convencer por la opinión del chico. Y en caso de dudas, tendrá prioridad la postura del que no quiera hacer algo. Hablar sobre ello sirve, sobre todo, para que os entendáis mejor, para que comprendáis las preocupaciones y los miedos, para que compartáis y aprendáis a valorar los anhelos, las fantasías y los deseos sexuales.

Pero a la «primera vez» vienen unidas muchas expectativas, enmarcadas por historias de las mil y una noches, por cuentos horripilantes e imágenes fantasmagóricas. Algo especialmente válido para las chicas y que supone una reminiscencia de los viejos tiempos: con la «primera vez» las chicas «son convertidas» en mujeres, lo que es una tontería, porque para ser mujer se necesita algo más que haberse acostado una vez con un hombre. Más bien, esa idea sirve para que las chicas se reserven para un único hombre, el príncipe de sus sueños. Las chicas, a pesar de las sensaciones sexuales despertadas en ellas, deben esperar hasta la noche de la boda para ofrecerle a un hombre su virginidad, algo que, al parecer, enorgullece a los hombres porque halaga su virilidad. Hay hombres que consideran un especial placer sexual el desvirgar a una chica. Idea que indica en los hombres adultos una deficiente relación con su propia sexualidad.

Posiblemente, esas pautas educativas ya no se han dado en ti. A no ser que pertenezcas a una determinada religión o crezcas en un lugar apartado, donde las viejas costumbres siguen siendo dominantes. Sin embargo, todavía hoy hay países donde la virginidad sigue teniendo una gran importancia.

Para poder probar la virginidad, se dice con frecuencia que el himen debe estar intacto. Esa corona virginal, pequeña membrana fina, a la entrada de la vagina tiene, sin embargo, un orificio dilatable. Y es cierto que en la mayoría de las chicas que todavía no han tenido relaciones sexuales, se mantiene el himen intacto. Pero en algunas mujeres permanece intacto incluso después de las relaciones sexuales y, a veces, hasta después de un parto. En otras, se rasga muy pronto, haciendo deporte o jugando. Por eso, no debes permitir a nadie que te cree mala conciencia.

Aun así, la «primera vez» se siente como algo especial, sobre todo por lo que respecta a la parte sentimental. Aunque el placer sexual y el sentimiento de estar a gusto no suceden de repente. Así muchas adolescentes hablan de dolores físicos, nerviosismo, estrés, ausencia de ternura, demasiado poco tiempo y demasiada incomprensión del uno con el otro. Por lo general, son dos personas inexpertas, muy jóvenes, que todavía tienen que aprender a desarrollar de la mejor forma su sexualidad. El temor a hacer algo mal o a ser molestados puede estropearles la primera experiencia. Por cierto, en esa «primera vez» se sobrevalora tremendamente la «técnica de amar», ya que, por lo general, la pareja descubre casi automáticamente sus juegos eróticos en el momento en que uno confía en el otro. La relajación y la tranquilidad son importantes, aunque el sexo y el placer no se pueden poner en marcha apretando un botón, sino que necesitan una cierta dosis de espontaneidad. Conocerse a sí misma y conocer a la otra persona requiere tiempo. Es absolutamente necesario que los dos se sientan maduros para ello. Es asimismo importante resolver antes el problema de la protección (anticonceptivos y sida).

La primera vez, ¿qué sucede?

Las relaciones amorosas y sexuales se manifiestan de diferentes formas. Se orientan en el placer, en la disposición y en lo que la pareja quiera permitirse.

Muchas personas –adultos sobre todo– cometen el error de pensar que la sexualidad tiene siempre el mismo significado que la relación sexual. Todo lo que dos personas hagan por placer sexual es sexo. En los jóvenes, la mayoría de las veces se comienza con el *petting*. Por *petting* se entiende el besarse intensamente, acariciarse por todo el cuerpo, sobre todo los pechos, el clítoris y la vagina en la chica, y el pene y los testículos en el chico. El cuerpo tiene zonas erógenas que, al ser acariciadas, te producen escalofríos de placer. Cada una debe averiguar cuáles son sus zonas más sensibles y que provocan las sensaciones más placenteras.

Ese contacto sexual con la piel, en el que una explora y descubre el cuerpo del otro, puede ser muy excitante. Quien suspira intensamente, se acaricia o se deja acariciar en la parte adecuada y está suficientemente excitada, llega al punto culminante. Esta es la mejor preparación a las relaciones sexuales. Si la pareja se limita al *petting* puede esperar para la protección anticonceptiva y antisida hasta que verdaderamente quieran hacer el amor. Pero tienen que estar seguros de que, durante el juego amoroso, ningún espermatozoide llegue a la entrada de la vagina como a través de las manos, por ejemplo, a causa de la eyaculación. Cuando la pareja ha decidido pasar a las relaciones sexuales propiamente dichas, entonces tiene que estar solucionado el problema de la protección anticonceptiva y antisida.

Desde un punto de vista puramente «técnico», la relación sexual se diferencia del *petting* en que el hombre introduce el pene en la vagina de la mujer. Si el hombre está sexualmente excitado, su pene se endurece, se pone erecto, de forma que se separa oblicuamente del cuerpo. Para las chicas que todavía no han sido testigos del fenómeno, puede parecer, al principio, algo amenazante. Eso procede, entre otras cosas, de que se ven continuamente mujeres desnudas en las revistas, pero casi nunca hombres con el pene erecto. Para las mujeres muy apasionadas esa imagen tiene un efecto excitante.

También en la mujer el clítoris se hincha un poco y se endurece. Cuando se produce la excitación sexual la vagina se humedece ligeramente para que el pene pueda entrar con más facilidad. Si una pareja quiere tener relaciones sexuales, el hombre o la mujer introduce el pene con ayuda de la mano en la vagina de la mujer. El pene y la vagina se adaptan perfectamente uno al otro. Un pene erecto mide de 12 a 15 centímetros y a causa de la dilatación de la vagina provocada por el deseo, coinciden perfectamente. Una vez que el pene se ha introducido en la vagina, la pareja se mueve de forma que aumenten todavía más el placer. Para casi todas las mujeres es muy importante que al hacer el amor se roce el clítoris aunque, naturalmente eso depende de la postura de la pareja.

La mayoría de las parejas hacen el amor en la «posición del misionero», esto es, la mujer acostada de espaldas, el hombre sobre ella, vientre con vientre, y él la penetra por delante. Esta posición era muy popular hasta hace poco, pues la gente no daba rienda suelta a su imaginación. Pero una pareja puede adoptar cualquier posición imaginable, acostados, sentados o de pie, o de cualquier otra forma que en esos momentos os procure el mayor placer y sea la más agradable para vosotros.

Ni el *petting* ni las relaciones sexuales tienen que terminar necesariamente en un orgasmo. La capacidad de reacción sexual en la mujer sólo va aumentando muy lentamente y la capacidad de llegar al punto culminante se desarrolla poco a poco. Por el contrario, los chicos y los hombres alcanzan relativamente rápido el orgasmo.

A pesar de que actualmente se discute si existe diferencia entre eyaculación y orgasmo, es cierto que la eyaculación, es decir, la expulsión del esperma, no es más que un acto físico, en el que el alma no tiene por qué participar. Mientras que en el orgasmo, por el contrario, se da una comunión entre el cuerpo, el espíritu y el alma para alcanzar ese punto culminante.

Se es injusto con los hombres cuando se dice que el amor físico es un asunto de satisfacción personal. Pero simplemente sucede que muy raramente admiten que para ellos es también muy importante estar con una determinada mujer y no con cualquier otra y compartir con ella su intimidad. Los hombres enseguida se sienten inseguros porque tienen la sensación de que no se les permite ninguna debilidad, mostrarse sensibles o ser cariñosos. Si consiguen entregarse a su compañera, no sólo física sino también sentimentalmente, alcanzan un alto nivel en la sexualidad. Eso es diferente en las mujeres, porque ellas no hacen diferencia entre la entrega de su cuerpo y de su espíritu. Para ellas, una intimidad hecha de ternura y dulzura es tan importante como el amor físico.

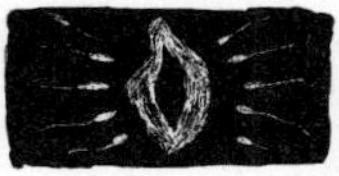

¿En qué se reconoce un orgasmo?

Antes de llegar al punto culminante, la excitación aumenta constantemente. La respiración es más rápida, el corazón late más deprisa, el cuerpo está mucho más irrigado. Se levantan los pezones. La piel se vuelve rosada por todo el cuerpo y se comienza a sudar. Antes de llegar al punto culminante, hay una fase en la que la excitación, que ya ha alcanzado un alto grado, puede mantenerse durante varios minutos antes de desembocar en un orgasmo.

Para que una mujer conozca un orgasmo, casi siempre es necesario que exista un frotamiento directo o indirecto del clítoris. Por medio del movimiento del pene en la vagina, el clítoris es frotado, pero casi siempre es necesario acompañarlo de una fricción con la mano. En primer lugar, los músculos que rodean la vagina se contraen durante unos segundos y seguidamente los músculos del bajo vientre se estremecen rítmica e involuntariamente. Un sentimiento muy intenso, hasta el punto de que casi hace daño, irradia por todo el cuerpo. Esa sensación de bienestar se extiende por todo él. En el momento del orgasmo, una no es consciente de lo que sucede a su alrededor.

El orgasmo en las chicas y en las mujeres viene más bien de puntillas. Raramente es tan deslumbrante como se presenta. Por eso, a veces ellas creen no haberlo tenido. Es difícil describir de forma general los sentimientos que se sienten durante un orgasmo. Es una cuestión personal, diferente de mujer a mujer, de día a día, de edad a edad y del compañero. Las mujeres pueden conocer varios orgasmos sucesivamente y muy próximos.

En el hombre, es el frotamiento del pene contra las paredes vaginales, provocado por el va y viene, lo que genera el punto culminante. Las contracciones de los músculos del bajo vientre de la mujer refuerzan ese frotamiento. La eyaculación viene acompañada de una fuerte contracción muscular que hace pasar a los espermatozoides por los epidídimos y el conducto deferencial en la uretra hacia fuera. Las primeras olas son las más fuertes y más agradables, las siguientes son menos fuertes. La tensión se descarga en pocos segundos. El pene se vuelve blando y será necesario esperar un rato hasta que pueda endurecerse de nuevo.

¿Siente él verdaderamente placer conmigo?

Muchas mujeres tienen miedo de que su cuerpo no le guste al hombre con el que tienen relaciones sexuales o que no llegue a satisfacerlo. Eso es comprensible en una situación tan íntima, en la que cada uno está desnudo, es vulnerable y se muestra al otro tanto moral como físicamente. Y se mira. Y se tiene la tendencia a creer que las demás mujeres se comportan mejor a todos los niveles y sobre todo en la cama.

Esto es un evidente malentendido, ya que no se trata de una cuestión de técnica, o muy poco: sólo una relación natural con su propia sensualidad ahorra a una muchos pesares y decepciones. La que conoce perfectamente su cuerpo y puede decir a su pareja lo que a ella le gusta y cómo debe actuar él, se convierte, a la vez, en lo que le complace a la pareja. Pero es evidente que no todo el mundo se encuentra en un nivel de igualdad al comienzo del período de los descubrimientos sexuales. Numerosos jóvenes e incluso adultos se quejan de que las chicas son bastante tímidas y se niegan a hacer ciertos gestos, como, por ejemplo, acariciar el pene. Ciertamente, tú también necesitarás algún tiempo para acostumbrarte a ciertos deseos. Eso es así para muchas mujeres y eso las frena de antemano. La regla más importante a tener en cuenta es que tú hagas y dejes hacer lo que a ti misma te divierta, Es así como desarrollarás tu experiencia sexual y tu búsqueda del placer. En caso negativo, tampoco pasa nada. Sencillamente, las personas son distintas unas de otras. Si permites a tu compañero que descubra lo que a ti te gusta y él nota tu excitación sexual, obtendrá ciertamente placer con ello. Y te hará igualmente comprender, de una manera u otra, lo que a él le produce placer.

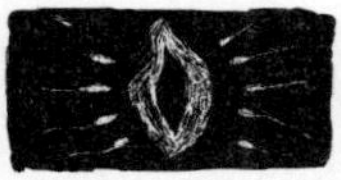

No me gusta usar determinadas palabras, ¿es que soy una estrecha?

En general, no conocemos las palabras que convienen en materia de amor y sexo, O se conocen los términos médicos o las expresiones populares, que no siempre son adecuadas ya que frecuentemente tienen una cierta tendencia machista o antifemenina. Si no te sientes capaz de utilizar las expresiones populares, no lo hagas pues, con frecuencia, son poco agradables. No obstante, es mejor utilizar el término exacto. No es fácil encontrar un vocabulario satisfactorio.

El sexo no me produce placer, ¿soy anormal?

Casi todas las personas tienen problemas con la sexualidad en un momento de su existencia. En la mayoría de los casos, no se trata de verdaderos problemas, sino de una concepción errónea, que cree que el hombre y la mujer deben estar dispuestos en todo momento a hacer el amor y alcanzar el orgasmo, sin importar ni la situación ni las circunstancias.

A muchas chicas, sobre todo si son muy jóvenes y todavía no han tenido una gran experiencia sexual, les apetece poco el placer sexual, lo que es totalmente normal. Lo que ellas buscan es estar juntos para conocer un poco de ternura, pero sienten pánico cuando el chico quiere penetrar en ellas. Otras se sienten mal durante el acto sexual o se encuentran crispadas. Otras no llegan, o lo hacen con dificultad, al orgasmo. Las causas pueden ser múltiples: una pareja inadecuada, un mal momento, falta de tranquilidad, la preocupación a quedar embarazada o a ser contagiada del Sida.

Lo mejor es hablar con el compañero. Muchos problemas se resuelven al instante, otros necesitan un poco más de tiempo para que desaparezcan. Pero jamás finjas haciendo, por ejemplo, como si tuvieras un orgasmo. Probablemente el juego preliminar al acto sexual no ha sido lo suficientemente largo y tu clítoris tampoco ha sido suficientemente estimulado. Si notas que tu miedo aumenta y te crispas todavía más, el mejor remedio es renunciar durante un tiempo a las relaciones sexuales. Quizá encuentres un cierto placer en autosatisfacerte a ti misma y así aprender a conocerte algo mejor. Sobre todo no debes hacerte reproches ni creer que eres frígida o insensible. Deja hacer al tiempo y todo se arreglará.

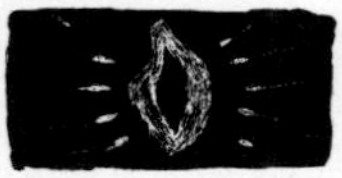

¿Pueden también las chicas autosatisfacerse?

Antes se creía que la masturbación era nociva. Actualmente se sabe que en absoluto es cierto. Pero evidentemente esa creencia existe todavía. Se debe al hecho de que la mayoría de los adultos han sido educados con esa idea. Incluso eran castigados si se les cogía en ese momento. El procurarse placer a una misma con la mano ni es inmoral ni perjudicial para la salud. Al contrario, la masturbación es un juego normal dentro de la sexualidad y tiene numerosas características positivas y sanas.

La masturbación es, en general, la primera experiencia sexual que se conoce. Es un buen medio para aprender a conocerse y a aceptar que una encuentra placer en su propio cuerpo. Los jóvenes que se satisfacen a sí mismos tienen, de esa forma, más tiempo para buscar la pareja sexual que les conviene.

Los chicos descubren la masturbación bastante pronto, poco después de haber tenido sus primeras eyaculaciones involuntarias. Para ellos, es una excelente manera de «descargarse», porque, con frecuencia, el esperma ejerce presión para ser liberado.

Para las chicas, eso representa, sobre todo, un descubrimiento de su propio cuerpo, lo que les permite desarrollar su propia sexualidad y conocer seguidamente el orgasmo que a su vez les permite tener una sexualidad más consciente con su pareja, vivirla de una forma más distendida, poder expresar lo que ellas encuentran bello en el amor y saber lo que les produce el mayor placer. Sin embargo, con frecuencia, no tienen en cuenta que esa forma de amarse a sí mismas les aporta algo personal. Por lo tanto no hay ninguna razón para avergonzarse porque una se masturbe. Y además es una manera de tener una vía sexual para aquellas que no tienen pareja o el compañero está ausente, para aquellas que tienen dificultades con su compañero u otra idea sobre la frecuencia del acto sexual.

Las mujeres se acarician los pechos, se frotan el clítoris rítmicamente e incluso llegan a introducir un dedo en la vagina y hacen un movimiento de va y viene con el cuerpo.

Los hombres frotan el pene rítmicamente, lo que permite al prepucio retirarse con los movimientos.

La masturbación se puede practicar con tanta frecuencia como se quiera.

¿Es posible que yo prefiera a las chicas?

En la pubertad, no es raro que los adolescentes tengan experiencias sexuales con jóvenes de su mismo sexo. No es raro que los chicos se masturben juntos o el uno al otro. Tienen tal presión sexual que necesitan deshacerse de ella de una forma u otra. También las chicas tienen una cierta intimidad entre ellas y buscan así mismo el placer personal.

No porque guste tener relaciones sexuales con jóvenes del mismo sexo se es homosexual. Hay personas que son atraídas por los dos sexos y muchos dudan durante toda su vida entre los dos. A eso se le llama ser bisexual. Y un cierto porcentaje de éstos escogen definitivamente una pareja del mismo sexo que ellos. La homosexualidad es una forma de vida y de amor humano. No es ni menos bella ni menos enriquecedora que el amor entre hombre y mujer. Y desde un punto de vista sexual, esa experiencia no es ni menos enriquecedora ni menos agradable. Una mujer homosexual es una lesbiana y un hombre homosexual es llamado también gay.

Numerosos psicólogos, científicos e incluso teólogos se han preguntado de dónde puede venir la tendencia homosexual en ciertas personas. Pero finalmente poco importa que sea hereditaria o determinada por una concentración de hormonas en el cuerpo de la madre o que la responsable sea la educación; lo que importa es aceptar ese modo de expresar la sexualidad humana. Todo ser humano tiene derecho a decidir a quién va a amar y de qué manera va a vivir su sexualidad.

Si tú notas, en un determinado momento, que prefieres a las chicas, ciertamente vivirás momentos de crisis, pero es necesario atenerse a los sentimientos. Te sentirás aislada y sola, ya que no podrás saber en quién confiar. Al principio, es difícil vivir de forma natural con este nuevo descubrimiento y también presentarlo así a los padres y amigos. Nuestra sociedad todavía no acepta fácilmente el hecho de sentirse homosexual. No vivimos aislados, sino que estamos expuestos a un gran número de influencias. E incluso en nuestra propia cabeza, todo lo que sabemos o hemos adivinado se mezcla y no nos facilita la vida. Los padres, el colegio, la televisión, los medios, la publicidad, la iglesia y la política influyen en nuestra vida sexual de manera indirecta. No olvides que las personas que son particularmente agresivas con los homosexuales son, frecuentemente, aquellas que tienen más problemas con su propia sexualidad. Si no fuera porque con frecuencia hacen daño a otras personas, habría que compadecerlas.

Es necesario intentar comprender la reacción de los padres cuando les comuniques esa constatación, ya que no tiene que ser obligatoriamente de enfado dirigido contra ti. Primero tendrán miedo de que te pueda ir mal en la vida, se preocuparán porque tienes un difícil camino ante ti, se harán reproches de haber hecho algo mal en tu educación y también tendrán que enterrar los sueños de tener un yerno y nietos. Y te explicarán que, por tu culpa, van a sentir vergüenza ante los demás. Puede ayudarles si les explicas que la homosexualidad es algo normal, que buscas tu felicidad al lado de tu amiga, que quizá les guste y, sobre todo, les harás saber que ahora necesitas su amor. Pero no puedes esperar demasiado, ya que probablemente tendrás que dejar pasar más tiempo para que, por tu propia evolución, acepten ese estado de cosas. No dudes en buscar la ayuda de las personas que están en tu misma situación. No debes atravesar esa etapa sola. Seguro que encontrarás un grupo de mujeres que podrá aconsejarte y ayudarte. Y si te fijas bien en tu entorno, probablemente hallarás una chica o una mujer joven que te podrá aconsejar desde su propia experiencia. Para algunos, es más rápidamente evidente que son homosexuales. Otros tienen primero contactos o relaciones con el otro sexo y todavía no está muy claro para ellos. Reconocerse como homosexual no sucede de repente, sino que es el resultado de un largo camino. Y es sólo cuando se admite esa tendencia cuando se da a conocer. El que llega a esta constatación le gustará llevar una vida normal y distendida, de acuerdo con su inclinación. La búsqueda de una persona que comparta tus ideas no es nada fácil para una chica, ya que el círculo de chicas es más restringido a ese nivel que el de los chicos. Siempre hay una fase bastante larga durante la cual se intenta contestar a la pregunta: ¿es ella verdaderamente como yo? Después de algún tiempo y como consecuencia de algunas experiencias, una tiene «antenas» para determinar quién es y quién no. Pero eso no siempre permite evitar las decepciones y los reveses. Para evitar tales situaciones, los homosexuales se agrupan en círculos (hasta el punto de desarrollar una cultura paralela) donde ellos mismos establecen las reglas. Los homosexuales viven sus relaciones como los demás. Buscan igualmente el calor, la confianza, la seguridad, el amor y el placer entre dos. No son ni más ni menos capaces de tener una relación con otras personas. En todas partes, hay personas que prefieren relaciones breves y otras para quienes la pareja debe ser única.

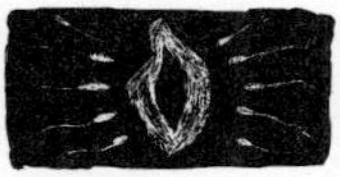

¿Qué anticonceptivos son los más indicados para las chicas?

A pesar de que se ha vuelto muy fácil protegerse de un embarazo, demasiadas chicas jóvenes tienen relaciones sexuales sin tomar precauciones. Y algunas tienen mala suerte y se quedan embarazadas. Eso puede ser una catástrofe en cualquier momento, pero especialmente en la pubertad. Es comprensible que una chica se deje llevar a una situación donde el descubrimiento del amor haga que los anticonceptivos parezcan algo secundario o bien se encuentre en una situación donde le resulte difícil decir que no.

Sin embargo, es muy peligroso, ya que es suficiente una única relación sexual para quedar encinta. Sobre todo, no hay que olvidar que es a través del sexo como una se puede contagiar del sida, que es una enfermedad mortal debido a la insuficiencia inmunitaria. Por consiguiente, es absolutamente necesaria la prevención. Y eso no supone ningún problema actualmente: los ginecólogos y los centros de planificación y asesoramiento familiar están ahí para aconsejarte. Te pueden aconsejar sin que tus padres se enteren, ya que están obligados a guardar el secreto profesional. En caso de relaciones sexuales no previstas, encontrarás en muchos cafés preservativos en máquinas automáticas, o bien los puedes comprar en las farmacias. Lo mejor es que lleves siempre contigo uno o dos en tu bolso. Una buena prevención permite a los jóvenes poderse conocer sexualmente sin tenerse que unir inmediatamente el uno al otro. Permite a las chicas conocer una sexualidad distendida, sin el miedo a quedarse embarazadas, lo que significa la imposibilidad de continuar sus estudios y de ejercer una profesión. La planificación familiar tiene también eso de positivo: los niños que vienen al mundo han sido queridos. Y en el momento en que los padres se sienten capacitados para alimentarlos y educarlos.

Actualmente, existe toda una serie de métodos anticonceptivos, que tienen sus ventajas y sus inconvenientes, y algunos no son nada indicados para las chicas jóvenes. Cada mujer debe determinar en función de su edad y de sus costumbres qué método desea utilizar. Para las chicas jóvenes, debe primar la seguridad. Los dos métodos anticonceptivos más extendidos son la píldora y el preservativo, que pueden ser combinados. La contracepción hormonal (la píldora) puede considerarse como el medio más seguro para evitar un embarazo y su empleo es muy fácil; es lo que se recomienda a las chicas y a las mujeres jóvenes. Es un medicamento muy eficaz compuesto de hormonas sintéticas, que pueden provocar raros efectos secundarios, por lo que debe ser recetado por un médico. Él debe verificar dos veces al año que la chica soporta bien la píldora y que no hay complicaciones.

Para las chicas de más de 14 años, la píldora no es difícil de conseguir. Desde un punto de vista puramente médico, el desarrollo físico es suficiente. Cuidado: ¡la píldora no puede sustituir al preservativo para impedir ser contagiada de sida!

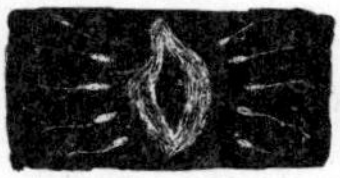

¿Cómo se utiliza correctamente el preservativo?

El preservativo es el medio más seguro para protegerse del sida. Está en segundo lugar en la lista de los métodos anticonceptivos empleados más frecuentemente y es el único que protege también contra una infección provocada por enfermedades venéreas. Y es probablemente uno de los métodos más antiguos que conocemos. Sigue siendo también el único método anticonceptivo empleado por los hombres. El preservativo se presenta como un tubo de caucho, del espesor de un dedo y cerrado en uno de sus extremos. Debe ser desenrollado sobre el pene erecto antes del coito. Impedirá que los espermatozoides del hombre penetren en la vagina. Principales ventajas del preservativo: se mete fácilmente en un bolso o en el bolsillo del pantalón, estando a mano en el momento en que lo necesites, sin necesidad de pensar en ello con anterioridad. Para las parejas que viven una sexualidad distendida y espontánea, puede ser muy sexy. Hasta hace poco, los preservativos tenían mala reputación, pero actualmente se utilizan de forma muy consciente. Y las chicas pueden procurárselos sin dificultades. Puedes dirigirte a los centros de planificación familiar, donde los puedes conseguir gratuitamente. Los preservativos, también llamados condones, han ido modificándose y mejorando constantemente. Si se colocan correctamente, son totalmente eficaces. Existen en colores, forma y terminación diferentes. Los hay gruesos, que son extremadamente resistentes, finos, sensibles (que procuran la misma sensación que la piel), extragrandes, decorados con una especie de nudos que aumentan el placer y perfumados. Los hay rojos, amarillos, verdes, negros y preservativos bromistas con cabeza de diablo o de perro.

Sin embargo, no todos son adecuados para la protección. Todavía hay muchos que están fabricados en un material inadecuado. Los preservativos que no llevan marca, se agujerean frecuentemente, lo que los hace totalmente ineficaces. Escoge, por lo tanto, una marca conocida y no olvides que la conservación está limitada a cuatro o cinco años. Fíjate bien en la fecha del paquete cuando compres uno.

Los buenos preservativos vienen generalmente untados con una crema o una sustancia que mata los espermatozoides.

Lo que es determinante es la colocación correcta del preservativo y especialmente no dañarlo cuando se saca del envase, rompiéndolo con una uña o con una arista del anillo. El preservativo debe estar también colocado a tiempo a lo largo del pene. Lo podéis hacer durante otros juegos amorosos preliminares. El pene en erección no puede de ninguna manera aproximarse a la vagina antes de tener colocado el preservativo, ya que puede suceder que algo del líquido seminal se derrame por el miembro cuando está rígido. Decíamos que el preservativo tiene que ser desenrollado a lo largo del pene erecto, para ello se coge con el pulgar y el índice y se coloca sobre la punta del pene. Al final del pequeño tubo de caucho es necesario dejar un pequeño espacio vacío, *reservoir*, donde pueda derramarse el esperma.

Si habéis colocado mal el preservativo o el rollo está hacia dentro, es necesario inevitablemente utilizar otro, ya que pueden quedar restos de espermatozoides en el anterior. Una vez que habéis tenido la relación que da lugar a la eyaculación, no es necesario esperar a que el pene esté de nuevo blando para quitarlo. Para ello, debéis coger el preservativo por el anillo situado al comienzo, para que no resbale y se saca con cuidado de la vagina. Puede haber restos de espermatozoides en los dedos después de retirarlo, por lo que es necesario lavarse cuidadosamente el pene antes de continuar con los juegos amorosos. Un preservativo sólo se puede emplear una vez, por lo que hay que tirarlo después de su uso en una papelera, no en el wáter. La mayoría de los preservativos están untados de una crema; si a pesar de todo tenéis la impresión de que no resbala bien, añadid cualquier producto graso: una crema aceitosa o a base de vaselina, que no presenta peligro de agujerear el caucho. Mejor pedid en una farmacia una crema adaptada a ello. Los grandes defectos (un agujero en el caucho, por ejemplo) son visibles a simple vista. La retirada del preservativo de la vagina debe pasar casi inadvertida. Si, por casualidad, el preservativo revienta, es necesario consultar al día siguiente, a más tardar, a un ginecólogo o en un centro de planificación familiar, para poder estar segura de que no resultará de ahí ningún embarazo. Si se ha dado una fecundación, se puede recetar la «píldora del día siguiente». El tiempo y la rapidez de intervención son factores determinantes, ya que la píldora del día siguiente no es eficaz más que las 48 horas que siguen al «accidente». El preservativo, al que se puede añadir en caso de problemas la píldora del día siguiente, es con toda seguridad el medio más eficaz y el más práctico.

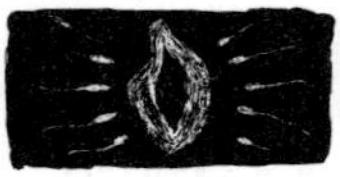

¿Cómo funciona la píldora?

La píldora anticonceptiva contiene estrógeno y progesterona, las hormonas femeninas. Esas hormonas frenan la influencia reguladora del cerebro sobre los ovarios y los óvulos ya no llegan a madurar en los ovarios. La ovulación es reprimida y prácticamente sólo hay días estériles, lo que hace imposible la fecundación. La píldora fija la membrana a la entrada del cuello uterino, de manera que los espermatozoides no consiguen entrar en el útero. Las hormonas cambian también la composición de la membrana del útero, de suerte que un óvulo fecundado no consigue fijarse en él.

Se habla frecuentemente de la mini píldora, cuando se hace referencia a la píldora anticonceptiva moderna, ya que contiene dosis muy reducidas de hormonas, en comparación con las antiguas. Sin embargo, es el ginecólogo el que debe decidir la que mejor te conviene. Y observa tú también un poco, para ver si esta píldora te conviene verdaderamente.

De todas maneras, la deben tomar solamente mujeres y chicas jóvenes con buena salud, ya que la píldora, a base de hormonas, puede tener efectos peligrosos sobre el corazón y la circulación sanguínea y, consiguientemente, influir en tu estado general. No ocultes nada al médico. Él debe saber, antes de recetarte la primera caja de píldoras, si tú o miembros de tu familia, sufrís de obesidad, de hipertensión, de enfermedades de la sangre, del hígado o de diabetes. Lo que es especialmente peligroso es la combinación de sustancias hormonales y los cigarrillos. Los cigarrillos solos pueden provocar ya un grave desgaste al corazón y a la circulación sanguínea, aunque todavía seas joven. Ese riesgo se acentúa con la píldora. La nicotina influye además en la producción propia de hormonas.

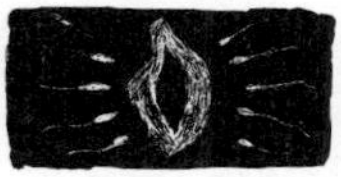

Lo que hay que saber desde el momento en que se empieza a tomar la píldora

La mini píldora es muy segura, a pesar de su tasa reducida de hormonas. Olvidarse de tomar la píldora una sola vez no acarrea peligro. Es necesario tomar la píldora olvidada, a más tardar, al día siguiente. Pero no hay que olvidarse de seguir tomándola después. Cuando comienzas a tomar la píldora, tu cuerpo debe habituarse a esas hormonas y eso puede provocar ligeras náuseas, dolores de cabeza o tirantez en los pechos. Al principio, puede haber hemorragias intermitentes, que no tienen ninguna influencia en la eficacia de la píldora e irán desapareciendo poco a poco. Si te preocupa algo, habla con tu ginecólogo. Los tipos de píldora difieren según su dosificación hormonal y su administración. Existe la píldora de «fase única», que reagrupa, de hecho, casi todos los preparados modernos. Todos los comprimidos contienen la misma cantidad de hormonas. La píldora de dos o tres «fases» contiene, en cada envase, comprimidos con concentraciones de hormonas diferentes. Si no se toman en el orden establecido, su eficacia no está garantizada.

En la píldora de fase única, se toma un comprimido diario durante tres semanas. La cuarta semana no se toma. Es durante esa semana cuando aparece la regla. Las hormonas contenidas en la píldora actúan como hormonas naturales y permiten asimismo que se forme la membrana que tapiza el útero. La capa superior de esta membrana se desprende algunos días después de tomar la última píldora, provocando la hemorragia. Esas hemorragias son, generalmente, más débiles y cortas que las «normales». Está claro que durante la semana que no tomas la píldora, no puedes quedar embarazada. Después de la pausa de una semana, comienzas la semana siguiente con una nueva caja. No es necesario dejar de tomar la píldora durante más de una semana para verificar si el ciclo funciona normalmente. Si una mujer quiere quedar embarazada después de haber dejado de tomar la píldora, generalmente no supone ningún problema, y la píldora tampoco influye en la fecundidad de una joven.

Existen otros dos anticonceptivos hormonales, pero

no pueden ser utilizados por chicas jóvenes y son reservados para casos especiales. Se trata de la mini píldora y la inyección anticonceptiva, válida para tres meses. Esos dos métodos anticonceptivos sólo tienen progesterona, por lo que producen un efecto negativo a causa de la influencia muy fuerte de la progesterona en las reglas, que pueden ser fuertemente alteradas. Con la inyección, la mujer tiene que esperar a que los efectos de la sustancia sean eliminados por el cuerpo para sentirse bien de nuevo. Y la eficacia de la minipíldora no es total. Esta píldora tiene que ser tomada todos los días, exactamente a la misma hora. Si la toma no tiene lugar dentro de las tres horas en torno a la hora normal de toma –lo que puede suceder fácilmente– su eficacia para evitar un embarazo no está garantizada.

¿Cuáles son los otros métodos anticonceptivos?

Hay toda una serie de métodos diversos que son recomendables más bien para las mujeres más mayores, pero que, en determinadas circunstancias, también pueden valer para ti. Son el método natural, la espiral, el diafragma, sustancias que matan los espermatozoides y la esterilización.

El método natural no es nada fácil de aplicar, ya que exige una buena disciplina y, sobre todo, un ciclo muy regular y también, en cierto sentido, una vida regular. Para poder determinar en qué día de su ciclo es fecunda una mujer, hay que observar algunos cambios físicos. Combinando las diferencias en la curva de temperatura y el moco vaginal, se pude determinar, con más o menos precisión, cuándo tiene lugar la ovulación. Durante ese período, la pareja debe abstenerse de relaciones sexuales o pasar a otros métodos anticonceptivos como el preservativo. Es evidente que este método es más indicado para las parejas estables. Las mujeres o las chicas que cambian frecuentemente de pareja tienen que utilizar un preservativo. Este método no ofrece más que cierta seguridad si la mujer se conoce verdaderamente bien y es bastante precisa. La temperatura corporal, que permite formar la curva de la temperatura, se debe tomar todas las mañanas al levantarse y a la misma hora. La temperatura se registra en un tablero (que se puede conseguir en farmacias). Por lo tanto, las temperaturas corporales perfilan una curva que permite determinar cuándo tiene lugar la ovulación, ya que después de la ovulación, la temperatura corporal aumenta sensiblemente. Y también se observa la evolución de la composición del moco vaginal, que normalmente cierra de manera hermética la entrada del útero. Ese moco se vuelve más líquido en el momento de la ovulación y provoca una sensación de humedad en la vagina. Y se constata un cambio en su composición. Justo antes de la ovulación, se espesa y forma copos. Durante la ovulación es transparente y muy líquido. Una se puede dar cuenta si va al wáter, el papel higiénico resbala suavemente por los labios de la vulva. Puede ser retirado como filamentos. Se puede conseguir un pequeño microscopio en las farmacias, que permite constatarlo más fácilmente. Cuando el moco está en ese estado, es el período más peligroso y es necesario renunciar momentáneamente a las relaciones sexuales, salvo que se utilice otro método anticonceptivo. Basándose en la observación de esos dos fenómenos, es como se puede determinar dos períodos de relativa seguridad, uno antes de la ovulación y el otro, más seguro, después de la misma. Pero eso sólo funciona bien si la mujer conoce el método perfectamente, sólo en ese caso es bastante eficaz. Pero para las chicas jóvenes, no suele funcionar más que en casos aislados, ya que por una parte el ciclo todavía no se ha regularizado y, por otra, es difícil para una chica de esa edad llevar una vida tan regular (todavía no tiene ganas).

La espiral (el dispositivo intrauterino) se coloca en el interior del útero. Tiene la forma de una espiral, de ahí su nombre, e impide al óvulo fecundado fijarse en el útero. La espiral provoca, con frecuencia, durante la regla, hemorragias más abundantes y dolores menstruales más fuertes. En las chicas jóvenes, provoca a menudo, de manera inexplicable, infecciones que pueden desembocar en una esterilidad, por lo que es utilizada muy raramente. Tampoco es tan segura como la píldora.

Existen tamaños y modelos diferentes. Una nueva clase de espiral viene acompañada de hormonas para aumentar la eficacia. La espiral tiene que ser colocada por el ginecólogo, que la introduce por el orificio de la vagina en el útero. El mejor momento para la implantación de una espiral es durante la regla, porque el orificio está un poco más abierto. El ginecólogo debe verificar una vez al año si la espiral sigue bien colocada. Normalmente, puede mantenerse implantada durante cinco años.

El diafragma es una especie de pequeño gorro de caucho que se coloca a través del orificio de la vagina, delante de la entrada del útero. Es el método de la barrera que tiene como fin impedir que los óvulos y los espermatozoides se encuentren. Hay diferentes tamaños que dependen de la anchura y longitud de la vagina. Por consiguiente tiene que ser adaptado a la vagina por un ginecólogo o alguien experimentado. El orificio uterino tiene que estar completamente bloqueado por el trozo de caucho, ya que de lo contrario, no es eficaz. Durante la fase de crecimiento, hay que verificar periódicamente el tamaño y el emplazamiento, ya que puede desplazarse a causa del crecimiento de los órganos sexuales.

El diafragma tiene que ser colocado antes de cada relación sexual, y debe ser untado con una crema bactericida. El diafragma tiene que dejarse un mínimo de seis horas en la vagina, después de la relación sexual. La colocación del diafragma es una cuestión de práctica; al principio, eso puede resultar ligeramente desagradable. Muchas chicas lo manejan perfectamente. La ventaja del diafragma es que no se necesita poner más que cuando es necesario. Si se toman todas las precauciones en el uso del mismo, es un método anticonceptivo bastante seguro. Protege contra enfermedades venéreas cuando se unta con una crema antibacteriana adecuada. ¡Pero no constituye una protección contra el sida!

Supositorios, cremas y geles bactericidas forman lo que se llama una barrera química. Son introducidos en la vagina antes de las relaciones sexuales. Bajo los efectos del calor corporal, se disuelven y liberan sustancias que destruyen los espermatozoides. Liberan una espuma que debe cerrar la vagina. Pero después de un rato, provocan una desagradable sensación de calor y pueden también salir por la vagina. Es importante que esos medios contengan monoxinol, ya que esta sustancia mata los espermatozoides y los agentes patógenos. Desgraciadamente, estos métodos no son muy fiables y no son recomendables más que en casos particulares, preferentemente asociados a un preservativo o un diafragma. Si no dispones de ningún otro método anticonceptivo, es mejor usar este tipo de método que ninguno. Se pueden conseguir en farmacias y en tiendas especializadas.

La esterilización convierte a un hombre o a una mujer definitivamente en estéril. Sólo conviene para personas de más edad, que estén seguras de no querer tener más hijos, ya que esta operación es irreversible. En la mujer, se lleva a cabo una ligadura de las trompas de Falopio; en los hombres, en el conducto deferente. La operación es más difícil en la mujer que en el hombre. Mucha gente confunde la esterilización con la castración. En una castración, se quitan los testículos o los ovarios, con lo que ya no se da la producción de hormonas y la persona se convierte casi en un sexo neutro (un eunuco), lo que a la larga modifica su personalidad y su físico. En caso de esterilización, esos órganos se mantienen en el cuerpo y la intervención quirúrgica no influye para nada ni en el deseo ni en la capacidad sexual. Pero este método anticonceptivo no es recomendable para gente joven.

La «marcha atrás» o el *coitus interruptus* es otro método anticonceptivo que tampoco conviene a las parejas jóvenes. Se empleaba mucho en otros tiempos, ya que no existían otros medios. El método consiste en que el hombre retira el pene de la vagina justo antes de alcanzar el punto culminante. Este método no ofrece ninguna seguridad, ya que antes de la eyaculación pueden haber salido del pene pequeñas cantidades de esperma.

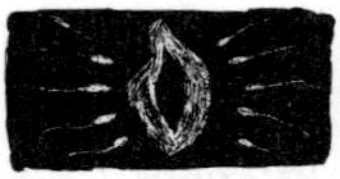

¿Por qué no hay todavía otros métodos anticonceptivos?

La fertilidad humana es un asunto muy complejo. Es difícil influir en ella sin hacerle daño, pues un medio anticonceptivo no debe ser solamente eficaz, sino también inofensivo para la salud. Así, después de dejar el método elegido, la mujer debe ser capaz de engendrar hijos. Es por lo que se ensaya continuamente para mejorar los métodos existentes.

Uno de los descubrimientos más prometedores es un anillo vaginal, que sería también adaptable a chicas muy jóvenes. Tiene la forma de un anillo de caucho sintético bastante delgado, en el que se almacenan hormonas. Funciona como un diafragma y se coloca delante del orificio uterino, pasándolo por la vagina, donde procede a liberar hormonas. Esas hormonas actúan como la píldora e impiden la ovulación. Como la hormona no debe ser eliminada por el hígado, ni tampoco transportada por la sangre, no es grande la cantidad de hormonas necesaria, mientras que se garantiza una contracepción eficaz. El anillo puede ser retirado durante la regla y volverlo a colocar a continuación.

También se ha experimentado un implante hormonal, que debe ser inyectado bajo la piel, como una especie de inyección antibaby, así como un método anticonceptivo para los hombres. Pero todavía resulta muy difícil influir en los espermatozoides.

¿Cómo puedo saber si estoy embarazada?

Puedes quedarte embarazada si en la fecha que ha tenido lugar la ovulación, has tenido relaciones sexuales sin la protección anticonceptiva o bien los espermatozoides, sin que haya tenido lugar la penetración, han alcanzado tus órganos genitales. Para que haya fecundación, es necesario que se una el óvulo con el espermatozoide, lo que, normalmente, tiene lugar en las trompas de Falopio: en el momento en que un óvulo pasa del ovario a la trompa, comienza el período fecundo de la mujer. El «viaje» del óvulo por la trompa hacia el útero dura unos cuatro días. Es en ese recorrido donde él puede encontrar espermatozoides y ser fecundado.

¿Embarazada o no? Esta pregunta acompaña a la mujer durante una parte de su vida. El primer signo es un retraso en la regla. Poco después, aparecen otros cambios característicos: frecuentes náuseas, lo más corriente por las mañanas al levantarse, tirantez en los pechos, ganas de orinar durante la noche, frecuente cansancio, falta o exceso de apetito.

A la menor duda es primordial tener la seguridad de que un embarazo termina de comenzar. Una rápida certidumbre alarga el tiempo durante el cual se puede decidir con toda tranquilidad qué hacer, dejarse aconsejar y ayudar. Para estar segura, es necesario realizar un test de embarazo. Se puede comprar en farmacias y hacer el test tranquilamente en casa. Si un óvulo fecundado se ha fijado en el útero femenino, tiene lugar la producción de hormonas del embarazo (la gonadotrofina). Su papel es impedir una nueva ovulación, mientras dure el embarazo y la consiguiente hemorragia menstrual, para lo que el cuerpo de la mujer produce grandes cantidades de estas hormonas al comienzo del embarazo. Esta hormona es expulsada a través de la orina y detectada en el test.

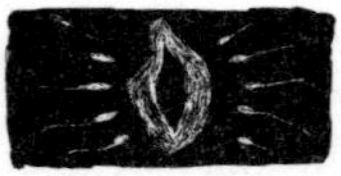

¿Qué sucede en el embarazo?

Una eyaculación envía unos 400 millones de espermatozoides al útero femenino. Sólo una cantidad muy pequeña consigue llegar hasta el óvulo. Y un solo espermatozoide consigue todavía ir más lejos: poco antes de alcanzar el óvulo, en la cabeza del espermatozoide tiene que liberarse una sustancia que le permite atravesar la pared del óvulo. Eso sólo sucede en el último momento, ya que, de lo contrario, el espermatozoide podría también penetrar en otras células del cuerpo, donde «no tiene nada que buscar». El espermatozoide se mantiene de 3 a 4 días vivo en el cuerpo de la mujer. Si el óvulo y el espermatozoide se unen, se produce un crecimiento extraordinariamente rápido. El óvulo fecundado no deja de dividirse. Primero está formado por 2, después por 4, después por 8, después por 16 células, hasta que se ha formado un pequeño aglomerado de células. Ese aglomerado se dirige hacia el útero, donde se fija, aproximadamente una semana después de la fecundación, en la mucosa, bien rellena, que se ha formado y donde se quedará todo el tiempo que dure el embarazo. Todo el organismo comienza su adaptación y empiezan a aparecer las primeras señales del embarazo. La más significativa es la ausencia de la regla.

Para pasar del óvulo fecundado al nacimiento del niño, es necesario esperar 266 días, lo que hacen aproximadamente nueve meses. Y el período normal, en el que el parto debe tener lugar, se extiende de los 10 días antes de esta fecha hasta 10 días después de la misma. Durante los tres primeros meses, se desarrollan los órganos y los miembros del niño. Es igualmente el período en que las enfermedades de la madre o las influencias externas pueden tener consecuencias graves en el futuro niño, por lo que las mujeres embarazadas deben evitar absolutamente el alcohol, la nicotina y los medicamentos.

Hasta el tercer mes, se habla de embrión y después de feto. El niño nada en el líquido amniótico de la bolsa de aguas. Ese líquido lo protege de los golpes. A partir de la membrana del óvulo fecundado se forma, poco a poco, la placenta, que abastece al niño de oxígeno y sustancias nutritivas. El niño y la madre están unidos por medio del cordón umbilical, que permite también evacuar las impurezas y los desechos del metabolismo del niño.

Durante el embarazo, se crean unos dos millones de células a partir de las dos iniciales. Con el tiempo, se desarrollan para formar los órganos individuales, los nervios y los músculos. La forma en que se desarrollan está en función de la herencia genética. Todas las características esenciales están determinadas por la herencia genética de los padres: el color de los ojos y del cabello, la forma del cuerpo y de la cara, la altura y muchas otras cosas. El hecho de que sea una niña o un niño está fijado desde el comienzo: todas las células humanas tienen 46 cromosomas. Son los bastoncitos que contienen toda la herencia genética del hombre, entrelazados como perlas por un hilo. Pero el óvulo y el espermatozoide sólo contienen la mitad cada uno. En la fecundación, las dos mitades se unen para formar un todo.

Y en ese momento un nuevo ser humano puede desarrollarse. Es el hombre el que determina el sexo del bebé. Cada espermatozoide contiene o un cromosoma X o un cromosoma Y, llamados así por su forma. El cromosoma X contiene la información hereditaria para una niña, el cromosoma Y para un niño. La mujer siempre aporta un cromosoma X en el momento de su ovulación. Si en la fecundación se forma la pareja XX, será una niña. Si un cromosoma Y fecunda un óvulo, se obtendrá la combinación XY y será un chico. Hasta el séptimo mes, no se nota todavía ninguna diferencia entre un niño y una niña. Todo se desarrolla de la misma forma. Pero desde que aparecen las hormonas sexuales, sus caminos se separan al formarse los órganos sexuales. Los órganos masculinos y femeninos se corresponden entre sí: el clítoris se corresponde con el pene, los ovarios con los testículos. Están hechos del mismo tejido, de ahí que tengan la misma sensibilidad a las excitaciones. Al final del embarazo, el niño pequeño está dotado de todos los órganos necesarios, incluidos los órganos sexuales y las glándulas que más tarde producirán las hormonas. En las chicas, los óvulos inmaduros ya están presentes. En los chicos, por el contrario, la producción de espermatozoides no comenzará hasta la pubertad. Cuando el niño se dispone a nacer, el útero comienza a contraerse de manera rítmica, es lo que se denominan dolores de parto. Es la manera que tiene el cuerpo de ayudar a la madre a traer al niño al mundo. Con el primer bebé, el parto dura, por término medio, de 6 a 9 horas a partir del momento en que aparecen las contracciones de forma regular. En los partos siguientes, ese tiempo se reduce. En un parto normal, es necesario esperar 20 minutos para que salga la cabeza del bebé. En ese momento, lo más duro ya ha pasado. Poner un niño en el mundo es un esfuerzo enorme para una mujer. Es el único acontecimiento natural en la vida de un ser humano que puede venir unido a fuertes dolores, lo que tiene que ver con que los conductos del parto –esto es, la boca del útero y la vagina– son estrechos y la cabeza del bebé es relativamente grande. Actualmente, las mujeres se preparan activamente para el parto haciendo ejercicios de relajación y de respiración, lo que les permite dominar mejor su esfuerzo y disfrutar plenamente del maravilloso momento cuando ven por primera vez a su hijo. Las ocho semanas siguientes al parto se denominan puerperio y durante ese período el útero recobra su tamaño natural. Después del embarazo, las glándulas mamarias se desarrollan de tal forma que están en condiciones de amamantar al bebé después del parto. Normalmente, se forma tanta leche como necesita el bebé y cuanto más fuerte succione éste, más leche dará el pecho. En realidad, toda mujer que haya tenido un hijo y quiera, puede amamantarlo sin que ni la forma ni el tamaño de los pechos tengan la más mínima importancia.

Embarazada. Y ahora ¿qué hacer?

Si una chica se encuentra embarazada, pese a todas las precauciones de las que hemos hablado, y ella no desea ese embarazo, se encontrará en una situación muy difícil. La mayoría de las mujeres, que sufren en esas situaciones un sentimiento de culpabilidad, temen por su salud, por su futuro, por su futuro hijo, quizá se consideren tontas e irresponsables. Temen también que nadie las comprenda y creen encontrarse solas con sus problemas. Eso es falso: existen centros de planificación familiar, cuya labor es la de ayudar a las mujeres que se encuentran en ese caso, dándoles toda la información necesaria, independientemente de que quieran tener o no ese hijo que esperan. Si una piensa que no puede hablar con sus padres de su embarazo, es necesario dirigirse lo más pronto posible a uno de esos centros de asesoramiento o consultar eventualmente a un ginecólogo. Cuanto antes se haga, mejor, sobre todo en relación con el necesario equilibrio anímico de la embarazada.

Nadie que no sea la propia embarazada puede determinar cuál es la mejor solución para ella. Tampoco puede ser juzgada por otros, como buena o mala, la decisión que ella tome finalmente. Si te encuentras en esa situación, puedes dejarte asesorar, pero no convencer, por otras personas. No debes permitir que te obliguen ni al aborto, ni a tener el hijo. Y, naturalmente, tampoco a la boda, o a una unión indeseada con el compañero o a una adopción. En definitiva, solamente tú tienes que vivir con tu decisión. Es tu personal decisión a favor o en contra de tener el hijo y tienes que tener muy en cuenta tus posibilidades de cara al futuro, tus deseos y tus sueños, tus planteamientos privados y profesionales, tus inclinaciones y tus aversiones. Si te decides por el aborto, eso no quiere decir que seas inmoral, que no puedas tener hijos más tarde, que no te gusten los niños, que no ames a tu compañero o que puedas encontrar el aborto como una buena solución. Una interrupción del embarazo nunca es una pequeñez. En semejantes situaciones, la mayoría de las mujeres tienen que vérselas con un caos de sentimientos e ideas. También la mala conciencia y una presión religiosa pueden hacer muy tormentosa esa decisión. La que se decida por la interrupción del embarazo, debería actuar lo más rápidamente posible. Los riesgos para la salud de la embarazada son pequeños cuando la interrupción se lleva a cabo entre la primera y la décima semana de embarazo. La intervención, en sí, es desagradable, pero, desde el punto de vista médico, no especialmente difícil. Bajo anestesia local, el cuello uterino es ensanchado y es aspirada la mucosa, donde se ha fijado el óvulo fecundado. Esta intervención dura aproximadamente diez minutos. Después de una semana, es necesario un control médico. Incluso aunque la intervención suponga un alivio, eso no quiere decir que una mujer no sufra la posibilidad perdida. Por eso es tan importante el asesoramiento, para que te puedas apoyar en esas conversaciones.

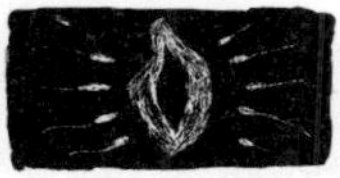

¿Tengo que renunciar al sexo a causa del sida?

Se ha hablado y escrito tanto en los últimos tiempos sobre el sida que a una se le ponen los pelos de punta al pensar que puede ser contagiada. Esta enfermedad, transmitida principalmente a través de las relaciones sexuales, se extiende, efectivamente, cada vez más. Y también en parejas heterosexuales, que no tienen un contacto directo con los círculos homosexuales o con la prostitución.

Pero es necesario mirar las cosas de frente: las mujeres son más fácilmente contagiables que los hombres y las jóvenes están especialmente amenazadas, ya que los tabiques de la vagina son más permeables que en las mujeres de más edad.

Reflexiona bien sobre tu actitud frente a esta situación. Una se puede proteger utilizando el preservativo. Y eso desde la primera relación sexual, ya que los investigadores han constatado que las chicas jóvenes están especialmente amenazadas cuando tienen su primera relación sexual con un hombre contagiado por el Sida, ya que esta primera vez viene siempre acompañada de pequeñas hemorragias.

Expertos americanos han elaborado para adolescentes seis importantes reglas en relación con el sida y que quizá puedan ser un punto de partida:

1. ¡Tú tienes todo el derecho a pensar en ti!
2. ¡Tienes derecho a la sexualidad! ¡Y la decisión de saber con quién vas a tener relaciones sexuales depende de ti! Y eres tú quien decide lo que vais a hacer juntos.
3. Tienes derecho a protegerte durante las relaciones sexuales.
4. Tienes derecho a comprar preservativos y a utilizarlos. Y puedes estar orgullosa de ti si los utilizas.

5. Tienes derecho a exigir la utilización del preservativo.

6. ¡Tienes derecho a pedir ayuda si la necesitas!

El sida tiene una posición particular con respecto a las demás enfermedades de transmisión sexual. Es muy contagioso y destruye nuestro sistema inmunitario. Una vez que la enfermedad se ha declarado, el cuerpo no consigue eliminar los agentes patógenos, lo que antes hacía fácilmente. Así, una enfermedad benigna para un hombre sano, por ejemplo un catarro o una bronquitis, puede ser mortal para un enfermo de sida. Es por eso por lo que a esta enfermedad se la llama sida: Síndrome de Inmunodeficiencia Adquirida.

El agente provocador del sida es el retrovirus HIV, que se instala principalmente en las células del sistema inmunitario, se multiplica y, en un momento determinado, lo destruye, Después del contagio, se dice que el virus se adormece en las células humanas y ahí se queda hasta que la enfermedad comienza. Pero, en realidad, ya ha comenzado su trabajo devastador. Destruye el sistema inmunitario desde el interior, de forma que se derrumba en un momento determinado. Hasta hace poco se creía que una persona infectada por el virus del sida no desarrollaba necesariamente la enfermedad. Pero hasta el presente, nadie se ha escapado. Se puede ralentizar el desencadenamiento de la enfermedad, pero no se sabe impedirla. Y eso equivale a una condena de muerte, ya que el sistema inmunitario es el mecanismo más importante de rechazo y defensa del cuerpo contra todas las enfermedades. El ser humano es tributario de las fluctuaciones de su estado de salud.

El virus del sida se transmite por la sangre, el esperma y la humedad de la vagina. El contagio se produce, principalmente, por las relaciones sexuales. Según lo que se sabe actualmente, es suficiente con tener un solo contacto sexual con alguien infectado por el sida para ser contagiado. Las mujeres son 20 veces más sensibles al contagio, ya que el esperma les llega directamente a la vagina. El virus atraviesa la fina piel de la vagina y pasa a la sangre, sin que para ello sea necesario que existan heridas en la vagina.

El peligro de ser contagiada a través de una relación sexual aumenta todavía más durante las hemorragias menstruales.

La saliva y las lágrimas no son contagiosas. Tampoco se ha detectado ningún caso en que el virus haya sido transmitido a través de un beso. También los tocamientos son inofensivos. No se sabe por qué algunas mujeres son contagiadas en una primera relación sexual con un compañero infectado, mientras que otras no se contagian aunque tengan relaciones sexuales regulares con un compañero infectado y aunque no utilicen preservativo.

Las enfermedades venéreas preexistentes o las heridas aumentan el riesgo de contagio, por lo que es particularmente peligroso tener relaciones anales ya que, como el ano no está destinado a eso, no se dilata suficientemente y es herido cuando se introduce el pene, pasando el virus directamente a la circulación sanguínea. Debido a que este tipo de relaciones es frecuentemente practicado por los homosexuales, es una fuente de contagio muy grande.

Los drogadictos que utilizan la misma jeringuilla están también muy expuestos al contagio. A ese riesgo se añade el hecho de que los drogadictos se prostituyen con frecuencia para tener dinero y de esa forma contagian a sus clientes, personas «normales» y con frecuencia padres de familia, que no utilizan preservativo y que posteriormente transmiten el virus a otros. Muchos de esos clientes ocultan sus relaciones con las prostitutas, así como sus vacaciones pornográficas en los países del Tercer Mundo y silencian también sus contagios. Esos hombres constituyen verdaderos casos perdidos en la prevención del sida y es ahí donde reside el peligro para las mujeres. No se ve necesariamente en su aspecto que un hombre sea drogadicto o se prostituya, que sea bisexual o esté contagiado del sida. Y como el círculo de personas sanas se reduce sin cesar no hay más que una solución: utilizar obligatoriamente el preservativo. Y eso no es muestra de una prudencia exagerada, sino simplemente un gesto vital: querer evitar morir contagiado por el sida.

Abrazarse o besarse en las mejillas no es contagioso en absoluto. Lo mismo que estornudar o toser. Tampoco hay peligro en el colegio, haciendo deporte, o en la sauna o la piscina. Tampoco los animales domésticos y los mosquitos contagian el virus.

Relacionarse con enfermos de sida no supone ningún riesgo. Ellos tienen especial necesidad de comprensión y cuidados. Los comentarios hirientes son inútiles e injustificados. Nadie «merece» el virus. Sólo debemos aprender a vivir con él.

¿Debo pedirle un test antisida?

No ayuda mucho el que un hombre te demuestre que él se ha hecho un test antisida, ya que el test actualmente utilizado no es, en verdad, un verdadero test. No aclara si alguien ha enfermado del sida. Tampoco confirma la existencia del virus del sida, sino que solamente muestra la reacción del cuerpo a un contacto con el virus del sida. La respuesta del cuerpo, que necesitas para estar segura, sólo aparece después de doce semanas. El resultado del test sólo te indica sobre contactos que han tenido lugar hace tres o más meses. Ninguna de las infecciones más recientes es registrada por el test.

Se recomienda hacer el test a todas aquellas personas para las que el sida suponga un alto riesgo para sí mismas: a los hombres homosexuales que cambian continuamente de pareja, a los drogadictos que utilizan la misma jeringuilla, a las mujeres que saben que su compañero es bisexual o drogadicto y a los turistas del sexo. ¡Se trata siempre de relaciones sexuales con penetración y sin protección, no de ternura! Las personas que piensan en un test después de una relación sexual con penetración y sin protección con una persona desconocida después de una noche de juerga, tendrán que esperar doce semanas para saber el resultado.

Cada persona infectada –tanto si sabe de su contagio como si no– puede contagiar a otras, con lo que cada uno no sólo es responsable de sí mismo, sino también de todos aquellos con los que se relacione y también con respecto a los hijos que más tarde puede fecundar o parir. Si cada persona no asume esa responsabilidad, la epidemia del sida jamás será frenada.

Las recomendaciones de los expertos del sida para personas jóvenes: si dos personas con un «pasado sexual» se conocen, se enamoran y quieren vivir juntas, deben hacer el amor con preservativo y realizar un test antisida. Después, cuando sepan el resultado a los tres meses, podrán entrar en un futuro sin cargas. El test se puede hacer en la consulta del ginecólogo o del médico de familia. Y si el test da positivo, hay que dirigirse inmediatamente a los especialistas que podrán aconsejar eficazmente.

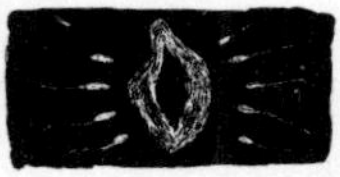

¿Cómo puedo protegerme de las enfermedades venéreas?

El preservativo no sólo sirve para protegerse del sida, sino también de otras enfermedades, que se denominan «enfermedades de transmisión sexual». El riesgo de infección aumenta con cada nueva pareja, ya que en cada nueva eyaculación el cuerpo tiene que luchar contra nuevas bacterias. Cada compañero de la pareja aporta sus propios agentes patógenos, lo que puede poner en peligro el sistema inmunitario del organismo demasiado solicitado. Es la razón por la que la primera infección va seguida de muchas otras y que se mezclen diferentes gérmenes.

Además, los científicos han constatado que las chicas que cambian con frecuencia de pareja tienen más probabilidades de tener un cáncer de útero. Una de las razones avanzadas es la irritación del tejido por las repetidas infecciones. Las enfermedades sexuales o venéreas más frecuentes son la blenorragia y la sífilis. Durante mucho tiempo, esas enfermedades eran mortales. Como quiera que, durante la pubertad, el cambio de pareja es más la regla que la excepción, es necesariamente imprescindible utilizar el preservativo. Es el único medio de evitar también el contagio de otras enfermedades transmitidas sexualmente.

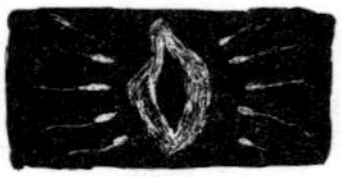

He sufrido violencia sexual, ¿dónde puedo encontrar ayuda?

Los actos de violencia sexual con niños y jóvenes están, lamentablemente, más extendidos de lo que una cree. La violencia sexual procedente de un individuo desconocido es más rara. La violencia sexual es, con frecuencia, ejercida por hombres del entorno familiar e incluso por el mismo padre. No resulta difícil imaginarse lo que esto significa para una chica. Se ve obligada a vivir violencia sexual cuando, con mucha frecuencia, es todavía demasiado joven para tener una madurez sexual y además frecuentemente se produce bajo amenaza física. O bien sucede con una persona de confianza. Y eso es todavía más difícil de admitir. Un miembro de la familia de más edad que tiene, a causa de su posición en la familia y de su fuerza física, un poder tal que es prácticamente imposible oponerse o defenderse. Y no es cuestión de hacer partícipe de la confidencia a su madre o a su hermana. La mayoría de las madres no quieren admitir que su esposo, su compañero o el padre de la niña sea también el violador. En general, acusan incluso a sus hijas de mentirosas cuando éstas osan contarles lo que les ha sucedido. Es una herida que se añade a la que la chica ya ha recibido. Y aunque ellas sean las víctimas en estos casos, se sienten avergonzadas, culpables, tienen miedo y se sienten profundamente solas.

Las chicas son prisioneras de este papel de víctimas, ya que no saben cómo escapar de los adultos. El elemento típico de la violencia sexual en el marco de la familia es la repetición, bajo la presión del secreto. Y esa violencia puede durar perfectamente años. Sólo en la pubertad, cuando se han hecho mayores, es cuando las víctimas ven la posibilidad de hablar y de salir de ese círculo infernal.

La violación por un extraño o por una persona conocida es un acontecimiento brutal, terrible y humillante, que con frecuencia pone en peligro la vida de la víctima. Pueden pasar años, incluso una vida entera, antes de que la persona afectada recobre el equilibrio moral y se sienta segura de sí misma. Durante años, no se atrevía a hablar de sus cosas.

Cada mujer, cada chica puede, en un determinado momento, sufrir violencia sexual o ser violada. Ninguna es responsable de ello. Y eso continuará siendo un atentado inaceptable y un delito criminal. Y poco importa el aspecto físico de la mujer, su forma de arreglarse, llevar mini o falda larga, su forma de comportarse o si es excitante o indiferente. Ningún signo indica si un hombre es un violador o no. Aunque esos hombres estén fuertemente perturbados, tienen un aspecto totalmente normal.

La mujer que ha sido violada tiene una necesidad total de ayuda, pero si la violación ha sucedido en el seno de la familia, no podrá esperar ninguna ayuda de ésta. Entonces es necesario dirigirse a centros de asesoramiento de mujeres víctimas de violaciones, donde se puede hablar con personas experimentadas y donde podrá hablar con mujeres que ya han vivido momentos similares. También se puede seguir un entrenamiento físico, que enseñe ejercicios de autodefensa para ser empleados en semejantes situaciones.

La violencia sexual siempre acaba teniendo una influencia en la vida de la pareja e incluso podría llevar a la incapacidad de sentirse bien en la relación con un hombre. Cuanto antes se hable de la violación y la chica encuentre una persona que le dé confianza, más grandes serán sus posibilidades de superar la terrible experiencia sufrida.

Se os ha dicho siempre que el trabajo
es una maldición y el esfuerzo una desgracia.
Pero yo digo que cuando trabajáis,
cumplís una parte del inmenso sueño
de la Tierra,
que os fue asignado al nacer ese sueño.
Y si aceptáis el esfuerzo,
ciertamente amáis la vida.

En camino

¿Por qué, de pronto, mis notas se han vuelto tan malas?

Probablemente hay otras cosas que te preocupan en este momento.

¿Por qué mis padres no quieren que yo deje de estudiar?

Porque una buena formación es absolutamente necesaria para tu futuro.

¿Por qué me siento siempre tan cansada?

El crecimiento físico y emocional exige muchas energías; además, probablemente tengas un horario sobrecargado.

Si tengo que repetir curso y pienso que es injusto, ¿qué puedo hacer?

Si crees tener fundadas razones, puedes hacer una reclamación oficial.

¿Qué profesión debo escoger?

En principio, todas. Lo que es determinante es tu capacidad y tus deseos de cara al futuro. Déjate aconsejar.

¿Están obligados mis padres a darme más asignación para mis gastos?

No. La decisión depende de ellos.

¿En qué puedo ayudar para luchar contra la degradación del medio ambiente?

Ante todo en tu entorno personal y después en las organizaciones ecologistas.

Mi amiga está en una secta, ¿debo unirme a ella?

No. Las sectas casi nunca tienen algo positivo. Con frecuencia incluso son peligrosas. Mejor intenta convencer a tu amiga para que se salga.

¿A qué se debe que, de pronto, no tenga ningún interés por el estudio?

Los adolescentes que, en general, van bien en el colegio comprueban cómo bajan sus notas en la pubertad. Durante la fase de desarrollo se pueden presentar obstáculos insalvables a nivel de rendimiento escolar. Probablemente estés más ocupada contigo misma, con tu aspecto, con tus amigas y amigos y con tus amores. Posiblemente no tengas ganas de nada, te sientas agotada, vacía y desinteresada. O sueñas demasiado. Eso también les sucede a los buenos escolares que, aparentemente, tienen interés por todo.

Realmente no hay explicación a esto. Pero puedes estar segura de que es lo mismo para todas en este período de la vida. Los adolescentes encuentran la escuela inútil y a los profesores imbéciles. No encuentran demasiados motivos para trabajar por un futuro bastante incierto, mientras se tienen tantas otras cosas interesantes que hacer. Y, como consecuencia, las notas caen de pronto en picado y pasar de curso se vuelve problemático y tú sólo tienes un deseo: abandonar el colegio y comenzar, por fin, la «verdadera vida».

Lo que posiblemente te parezca más intolerante son los proverbios y las frases bien intencionadas de los adultos que quieren animarte. Y, para ser honestos, tendrás que darles la razón: no es para tus padres por lo que estudias, sino para preparar tu futuro. Y si te preguntas para qué puede servir lo que aprendes en el colegio, es porque no te imaginas bien cómo será tu vida más tarde. Y es cierto, y este argumento debe ser decisivo, que todo lo que tú aprendas en el colegio te convertirá realmente en más independiente y más libre en tu futura vida. Con una buena formación, se tienen mejores posibilidades de decidir a todos los niveles, se puede ganar más dinero y no necesitarás preocuparte de una serie de cosas. Y también las mujeres han demostrado que pueden rendir más que los hombres y son capaces de ser excelentes jefas. Una buena formación profesional te hará independiente y segura de ti misma. Y eso es particularmente importante en una chica que más tarde quiera compaginar familia y profesión.

Ese período de falta de energía e interés tendrá, naturalmente, un final cuando te hayas acostumbrado a esa evolución, lo que exige un cierto sentido de la organización, ya que un día en la vida cotidiana de una adolescente comprende muchas cosas: las muy exigentes tareas escolares, la hora para el deporte y el tiempo dedicado a prestaciones en organizaciones no gubernamentales. Y es también normal el encontrar tiempo para divertirse, para ir al cine, al teatro, a bailar, a reunirse con las amigas y hacer alguna cosa en familia. Para conseguir todo eso, es necesario una buena dosis de energía y voluntad que debe venir de ti misma.

Tu comportamiento en esta fase de tu vida es de una gran importancia para tu futuro. Te lo repetirán con frecuencia. Y, desgraciadamente, es muy cierto: tú marcas ahora el camino de tu vida.

¿Por qué me cansa tanto el colegio?

Posiblemente no estés suficientemente motivada para concentrarte en el colegio. Ya sólo eso te fatiga. Y tu tiempo libre no es del todo descanso, ya que incluye actividades físicas como el deporte, la música y encuentros con amigas. Y es en este momento de tu vida cuando más se te exige en el colegio. Tienes muchos deberes y trabajos que simultanear de diversas materias. O bien estás al comienzo de tu formación profesional y se te vienen encima un montón de cosas nuevas.

He aquí algunos trucos que te permitirán hacerte más fácilmente con tu trabajo escolar o con tu formación profesional: intenta convencerte de que lo que estudias ahora te servirá más tarde en tu profesión, incluso si no ves verdaderamente en qué podrá servirte. Aprende, sobre todo, a trabajar de manera independiente y a utilizar tu cerebro. Tú misma desarrollas tu autodisciplina, tu voluntad, tu determinación, tus técnicas de trabajo y tu capacidad para resolver un problema de manera lógica.

La relajación es la forma más eficaz para concentrarse. Los ejercicios de relajación no solamente sirven para tranquilizar los músculos, sino, sobre todo, para liberar el espíritu. Estírate de vez en cuando. Baja la cabeza y haz movimientos rotativos con la nuca, respirando profundamente. Si te sientes muy tensa, intenta participar en un curso de relajación, que te enseñará ejercicios que podrás hacer en casa. Ciertos ejercicios influyen en el sistema neurovegetativo y provocan la relajación. Eso es igualmente eficaz para los trastornos del sueño.

Las personas hambrientas son menos capaces de buenos rendimientos que aquellas que se alimentan con regularidad pero de forma moderada. Sin un sólido desayuno, tu capacidad desciende a partir de las diez de la mañana y es precisamente hacia esa hora cuando se es más activa. Un desayuno a base de té o café, leche, fruta, pan integral, müsli, viene perfectamente. Intenta comer algo durante la pausa o el recreo y, sobre todo, no te olvides de beber. Para la comida del mediodía, pide a tus padres que te preparen cualquier cosa ligera: sopa, legumbres, una ensalada, fruta, un yogur o queso blando. Y por la tarde sírvete una taza de cacao o un vaso de zumo de fruta. Una buena cena por la noche, cuando el trabajo ha terminado, es una buena recompensa. Estudiar después de una buena comida no sirve de gran cosa: el cuerpo está haciendo la digestión. Los momentos en que la capacidad de rendimiento es más fuerte se sitúan entre las 8 y las 9 de la mañana y hacia las cinco de la tarde. Y, en general, se es más productivo por la mañana que por la tarde. Si se tiene mucho trabajo para el día siguiente, es preferible no continuar hasta tarde por la noche y levantarse, en cambio, por la mañana una hora o dos antes.

Una buena distribución del trabajo es primordial. Es mejor comenzar con poco pero a tiempo y después ir aumentando el ritmo de trabajo paulatinamente. Un horario que distribuya los tiempos de actividad y pausas, puede resultar muy útil. Pero hay que ser realistas si no se quiere tener mala conciencia. Lo que no se aprende durante días, no se recupera de golpe. Las pequeñas recompensas –ir al cine, darse un baño, ver una película en televisión– por haber mantenido los tiempos de estudio y los éxitos programados en el estudio son, así mismo, de una gran ayuda. Pues hay que respetar la regla: quien trabaja mucho puede también divertirse mucho. Por otro lado, el lugar donde estudias debe estar en consonancia con las necesidades de concentración: un lugar fijo donde puedas trabajar con tranquilidad, sin ser molestada. Un cierto orden aumenta la concentración, hay que retirar todo aquello que pueda distraerte: fotos, revistas, comida. Si has tomado apuntes durante las clases, ya habrás hecho la mitad del trabajo y así podrás releer y estudiar en tus propios apuntes como en un libro. Lo tratado en clase quedaría también mejor en tu mente si pasas a limpio los apuntes. Muchos escolares pierden demasiado tiempo en la lectura de lo que tienen que aprender. Se puede practicar la lectura rápida, abarcando, de un solo golpe de vista, un grupo de palabras. Con toda seguridad, la rapidez en la lectura está también en función de las dificultades del texto. Otra ayuda eficaz: subraya los pasajes esenciales del texto.

Para muchos, la única forma de aprender bien es hacerlo en grupo. Otros, por el contrario, no consiguen estudiar si no es solos. Es una cuestión de personalidad. La mejor solución es combinar ambos métodos. El trabajo individual es, con frecuencia, más eficaz y el trabajo en grupo más productivo, a nivel de intercambiar ideas. El trabajo en grupo disminuye el miedo al examen, ya que se aprende a hablar de la materia objeto de examen. Además, sabes que no estás sola, porque es totalmente normal sentirse nerviosa cuando se tienen exámenes o trabajos de grupo. Pero la sensación de estar preparada y haber estudiado da seguridad y aumenta la capacidad de memorización. Finalmente, los últimos trucos de la memoria son conjuros como «daré con las respuestas correctas», «me acuerdo de todo lo que he estudiado», «estoy totalmente tranquila y segura». ¡Así nada puede salir mal!

¿Es cierto que a las chicas se las discrimina en la escuela?

La introducción de las clases mixtas o sistema educativo de coeducación fue celebrado hace 20 años como un éxito. Se pensó que educando conjuntamente a chicas y chicos se podría eliminar una buena parte de los prejuicios que existían en materia de educación con respecto a las chicas. Pero ahora comienzan a aparecer los primeros inconvenientes de este sistema. «La escuela hace a las chicas tontas», se ha llegado incluso a decir. Y se llega a decir, sin malas intenciones: en la escuela mixta se reencuentra la antigua división de roles, los chicos se hacen los «duros» y las chicas se adaptan fácilmente.

Resulta difícil admitir la antigua división de roles en sí misma, ya que no exige que una chica tenga que ser «tonta», pero actualmente puede suceder que las chicas tengan que dosificar sus esfuerzos, de forma que los chicos no se asusten de su capacidad. La competencia es considerada como una actitud agresiva y nuestra sociedad todavía no la ve bien en las mujeres. Existe la creencia subyacente de que la chica que compite con un chico en un terreno tradicionalmente reservado a los hombres, no es considerada como una chica o una mujer completa, sino más bien como una dominadora emancipada que, incluso, ha perdido su feminidad o ha renegado de ella.

A pesar de que las chicas son frecuentemente muy inteligentes, sin embargo no son ellas sino los chicos los que hacen carrera, ya que ellos enfocan sus profesiones hacia las ciencias naturales, a las técnicas o al comercio. Las chicas, con frecuencia, escogen las profesiones «típicamente femeninas», que son, a la vez, las peor pagadas y en las que apenas si tienen posibilidades de progresar o de promocionarse. Como quiera que las propias mujeres no terminan de dominar sus contradicciones interiores son ellas mismas las que se cierran las mejores posibilidades de trabajo, de carrera y de vida.

Sobre todo faltan chicas en los sectores técnicos y/o matemáticos. Actualmente algunos padres piden que la enseñanza sea nuevamente impartida por separado a las chicas y a los chicos en determinados cursos. Se argumenta que, cuando los chicos no están presentes, las chicas están más concentradas y tienen mayor satisfacción en el trabajo en grupo. Las más tímidas se atreven a exponer cuestiones y a hacer experimentos. Sobre todo falta una formación preliminar desde el punto de vista técnico y es por lo que ellas se resignan cuando los chicos están presentes y no tienen el coraje de expresar opiniones «no femeninas».

Otro punto de vista controvertido: en clase se da más importancia a los chicos y son preguntados más veces que las chicas. Ocupan más espacio, exigen más atención y esperan subconscientemente que las chicas se sometan a ellos. Los temas que interesan a las chicas son menos tenidos en cuenta a la hora de seleccionar el tema de un trabajo. La capacidad de los chicos es más apreciada aunque, efectivamente, sea inferior que la de las chicas.

Si tú y tus compañeras de clase tenéis la sensación de que os sucede algo parecido, deberíais intentar hablar con vuestros profesores. Quizá se pueda formar un grupo de trabajo en que se analicen las ventajas y desventajas de las clases separadas. Y quizá os tiente la experiencia de clases separadas para chicas y chicos en tu colegio. De una cosa podéis estar seguras: los chicos de tu clase no se sentirán nada entusiasmados.

¿Se pueden recurrir las malas notas o la repetición de curso?

Jamás se pasa la escuela sin problemas. Siempre habrá profesores con los que te entiendas mejor y habrá algunas asignaturas que no te gustarán o tendrás dificultades para entenderlas. También los adolescentes se sienten pronto incomprendidos o infravalorados. Pero no siempre es culpa del profesor, sobre todo durante la pubertad. Aunque puede suceder que un profesor se equivoque o la coja con algún alumno por motivos personales. Tampoco los alumnos deben aceptar todo.

Quien estime que sus notas son injustas, debe reaccionar. Lo mejor es intentar arreglar la situación por ti misma, hablando con el profesor o pidiéndole explicaciones. Puedes hablar con el tutor de tu clase o con el director del colegio. Explica tu caso a tus padres para que ellos también puedan contactar con el profesor en cuestión o con la dirección del centro.

Pasar, o no pasar, al curso superior es una decisión irrevocable tomada por el tutor junto con el claustro del centro, bajo la presidencia de la dirección. Si algunos profesores dudan o la decisión a tomar es compleja, se vota. La decisión que se tome es la que se corresponde con la mayoría de los votos. Pueden votar los profesores que te den clase y el director. Es una decisión colegiada y, consiguientemente, un solo profesor no puede hacerla fracasar.

¿Por qué no puedo, sencillamente, dejar el colegio?

El deseo de dejar de ir a la escuela es una «enfermedad corriente» en la pubertad. Las chicas tienen todavía más ganas de dejarla para encontrar un trabajo que las haga más pronto independientes y les permita ganarse la vida. Si además tienes dificultades para seguir, tus deseos aumentarán. Aunque esa idea sea tentadora, es irrealista. Existe una ley de escolarización que te obliga a ir a la escuela hasta los 16 años (bajo la forma normal de enseñanza u otra alternativa, incluyendo la formación profesional). Además, la verdadera vida es mucho más difícil de lo que tú te imaginas en tus sueños. Lamentablemente, no queda otra solución: lo mejor es aguantar en ese «agujero». Todo lo que inviertas ahora en tu formación, no repercutirá positivamente en otra persona que no seas tú, ni en tus padres, ni en tus profesores. Si tienes verdaderas dificultades en el colegio, no te va bien en una o en más asignaturas, vete a clases particulares y reflexiona cómo salir. Abandonar ahora sería lamentable, pues ya no tendrás jamás la posibilidad de tener todas las facilidades para poder estudiar. Si quieres volver a estudiar más tarde, mientras aprendes un oficio o trabajas, comprobarás que eso exige un esfuerzo considerable, que sólo muy pocos son capaces de soportar.

No terminar los estudios secundarios tampoco significa el fin del mundo. Hay muchas profesiones interesantes que te permiten utilizar tus capacidades. Si estás cada vez más convencida de que la escuela no te va, habla con tus padres y con tus profesores para encontrar la mejor solución para ti. Tampoco quiere decir que si ahora tienes el ardiente deseo de dejar la escuela, ya no tengas interés por seguir aprendiendo o que no lo vuelvas a hacer más tarde. A veces es suficiente con un cambio de colegio. En la elección de una profesión, muchos jóvenes se dejan influir por lo que leen en las revistas, ven en la televisión u oyen en su entorno. Como quiera que el trabajo que se viene a proponer en las revistas se limita a profesiones típicamente femeninas, como secretarias, enfermeras, empleadas de banca o enseñantes, se recomienda vivamente dirigirse a otras fuentes de información. Los centros de enseñanza media reciben también información de los grupos profesionales y de organismos oficiales que se ocupan del tema del empleo. Hay cientos de profesiones interesantes de las que, a veces, ni una misma sabe. Sea como fuere, no te dejes influir por nadie en una determinada dirección que no te guste. Y tampoco te dejes influir en sentido contrario, rechazando una profesión porque se diga que es una profesión de hombres. No hay profesiones reservadas a las mujeres o a los hombres, solamente hay posibilidades de empleo que pueden ser escogidas de la misma forma por los dos sexos. Lo decisivo es tu capacidad y tu proyecto de futuro.

¿Qué hacer para conseguir más asignación para mis gastos?

Lo que los jóvenes hacen con su asignación está expuesto periódicamente a grandes discusiones de familia, especialmente si los hijos o las hijas son despilfarradores o cuando los padres quieren determinar cuándo y en qué pueden utilizar el dinero que reciben.

No existe ninguna obligación por parte de los padres de dar asignación a los hijos o de fijar cantidades. Si tú estimas que la que recibes de tus padres no es suficiente, y ése es frecuentemente el caso, puedes pensar si quizá tienes la posibilidad de mantenerte independientemente y ganar tú misma un suplemento. Para ello tienes que tener en cuenta dos cosas: no sobrevalorar tu capacidad, sobre todo si tienes dificultades con el estudio. Antes de intentarlo soluciona ese problema, ya que si añades un estrés suplementario agravarás todavía más tu situación. Y lo segundo es encontrar un trabajo que te guste, donde puedas demostrar tu saber hacer, tus conocimientos y tus capacidades. Lo que te permitirá adquirir una experiencia que te puede ser útil en el futuro.

Tus padres estarán intranquilos y se preguntarán si no pondrás tus estudios en peligro. Es necesario discutirlo claramente y ver de qué manera ellos te pueden ayudar en esta cuestión. Y se sentirán muy orgullosos si ven que eres capaz de asumir tus responsabilidades.

¿Puedo aceptar un trabajo?

Los menores de 16 años no pueden trabajar, pero a partir de esta edad, la legislación te permite acceder al mercado de trabajo y puedes realizar alguno a tiempo parcial si a la vez quieres mantener tus estudios.

Hay muchas cosas que puedes hacer en tu misma localidad: atender el jardín de algún vecino, cuidar niños, sacar a pasear perros, limpiar casas o hacer la compra. Hay otros trabajos menos corrientes, como repartir el pan, entregar plantas a domicilio, limpiar ventanas... Seguro que encontrarás pequeños trabajos en tu entorno. Puedes poner un anuncio en el periódico local, en el tablón de anuncios del supermercado o en la librería de la esquina. No te olvides de mirar los anuncios por palabras. También puedes intentar dar clases particulares, hacer de «canguro», repartir periódicos...

Si realizas esos pequeños trabajos de forma ocasional, no necesitas declararlos a Hacienda. Si los haces con frecuencia y se convierten en un verdadero negocio lucrativo, deberás pagar impuestos. Anota cuidadosamente en un cuaderno las cantidades que recibes y cómo las gastas. Así tendrás una idea de cómo llevar una contabilidad.

¿Cómo encontrar una asociación en la que pueda realizar algo útil?

Muchos jóvenes buscan un fin, una actividad que los apasione. Así aprenden también a tener una opinión personal y a saber cómo defenderla. Se pueden interesar por las injusticias sociales, la lucha contra la droga, la miseria en los países subdesarrollados, la ecología, el arte, la religión... Los adolescentes tienen, por lo general, una idea clara de lo que no está bien y de aquello que no les gusta y quieren, naturalmente, cambiar el mundo.

Casi todas las asociaciones tienen grupos de jóvenes. Muchos colegios también cuentan con su propio grupo de teatro. Mira un poco a tu alrededor y escoge lo que tú prefieras. Puedes empezar y dejarlo si compruebas que no corresponde a lo que esperabas.

En definitiva, la juventud está para probar las distintas alternativas.

También un grupo puede ejercer presión sobre un individuo y él será incapaz de librarse solo de esa presión. Y otros hacen cosas que tú no quieres hacer para ser aceptados en el grupo. Quien actúa como la mayoría, lo hace frecuentemente contra su propio interés y sus convencimientos personales. Si otros, por ejemplo, hacen algo que es peligroso, nada sano, destructivo, humillante o ilegal, entonces tú te pones ante la elección de participar, decir no o alejarte de ellos. Una se encuentra ante esa elección casi siempre en la vida: ¿debo copiar en los exámenes, participar en intrigas, probar drogas o acostarme con alguien a quien apenas conozco?

Nadie te ayuda en la decisión. Si te decides por algo distinto que los demás, tendrás que calcular que te crearán dificultades y estarán furiosos contra ti. Esos no son auténticos amigos o amigas. Imponerse a esta presión supone valor y confianza en una misma. Si no consigues decir un claro no a algo, no tienes por qué tener «mala conciencia». En situaciones semejantes, echa mano, sencillamente, de una «mentira piadosa». Lo importante es que no hagas lo que no quieras o pueda hacerte daño.

Las sectas son particularmente peligrosas a ese nivel, ya que se dirigen especialmente a los adolescentes prometiéndoles el «cielo en la tierra» si te adhieres o te haces miembro de ellas. Esas sectas afirman haber encontrado la receta de la felicidad, tanto individual como colectivamente, lo que resulta especialmente atractivo para jóvenes que se encuentran en una situación de crisis como, por ejemplo, problemas con los estudios, mal de amores o enfrentamiento en casa. Las sectas ofrecen una familia alternativa a un mundo que se ha vuelto inhumano. El carácter absolutista y una forma de vida austera y aislada hacen que los jóvenes, que se han adherido a una secta, no tengan ya la posibilidad de comparar con la realidad o de relativizar las cosas.

No todo es necesariamente malo. Pero la experiencia ha probado que esa clase de grupos constituyen un peligro para la salud psíquica, moral e intelectual. A los adeptos se los somete primero a un «lavado de cerebro», que significa un cambio profundo de su personalidad, lo que hace especialmente difícil el librarse de las cadenas de las sectas. Con frecuencia, la situación se vuelve opresiva para los miembros de la secta y se les empuja a pedir dinero a sus padres, a extorsiones o incluso a exigir a los padres su parte de la herencia, para que vaya a parar a la secta. Los jóvenes que se dejan adoctrinar están casi siempre dispuestos a hacer el bien. Por eso, también pueden intentar salirse de la secta, pero será necesaria una ayuda exterior para poder conseguirlo.

La belleza no es un anhelo, sino un éxtasis.
No es una boca sedienta, ni una mano vacía
tendida.
Es más bien un corazón apasionado
y un alma encantada.
Ella no es la imagen que quisierais ver,
ni la canción que quisierais oír,
sino, más bien, una imagen que veis,
aunque cerréis los ojos,
y una canción que oís,
aunque os tapéis los oídos.
La belleza es la vida, cuando la vida desvela
su santo rostro.
Y vosotros sois la vida.

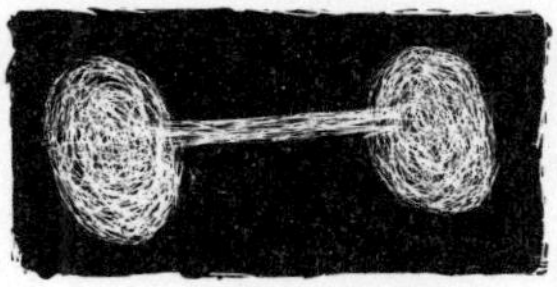

En forma

¿Es cierto que la alimentación sana es uno de los mejores productos de belleza?

¡Sí! Y uno de los más baratos.

Entonces, ¿no puedo comer ningún tipo de dulce?

Te puedes permitir, de vez en cuando, un dulce y saciar tus ganas de caramelos sin mala conciencia. ¡Nada es peor que la falta de alegría!

Estoy llena de granos, ¿cómo hacerlos desaparecer?

Casi nadie ha pasado la pubertad sin haber tenido granos. Una vez que la producción de hormonas se haya estabilizado, desaparecerán.

¿Debo lavarme con más frecuencia cuando estoy indispuesta?

Como tú quieras. Lo importante es que te sientas bien.

¿Las chicas jóvenes pueden utilizar tampones?

¡Sí!

¿Por qué hay que lavarse los dientes inmediatamente después de comer?

Porque se forman ácidos en la boca que atacan los dientes. Es especialmente importante hacerlo después de haber comido cosas dulces.

¿Por qué son tan importantes las horas de sueño antes de la medianoche?

Porque a esas horas tu cuerpo segrega las hormonas que aceleran el crecimiento y permiten a la piel su recuperación.

¿Por qué fumar es tan nocivo para las chicas jóvenes?

Es la primera cosa que hay que evitar si se quieren respetar las reglas de la buena salud. Fumar, además, ocasiona con el tiempo, entre otras cosas, cáncer de pulmón y puede dañar el esqueleto en la pubertad.

¿Debo acompañar a mis amigas al gimnasio?

Sólo si te gusta.

¿Se puede mejorar el aspecto del cabello y de la piel con la alimentación?

El hecho de sentirse bien en su piel proporciona una sensación de confianza en una misma. Aquella que se sienta bien no tiene, por lo general, problemas de peso, hace suficiente ejercicio físico, tiene una piel sonrosada y clara, ojos brillantes y está de buen humor. El elemento indispensable para estar bella y en forma es una alimentación sana.

Los jóvenes en la fase de crecimiento tienen necesidad de muchas cosas buenas. Desgraciadamente, hay con frecuencia una diferencia entre lo que gusta y lo que es bueno para ellos. Seguro que habrás oído decir a tus padres que las hamburguesas, la carne grasa, el pan blanco, las coca-colas y las limonadas, los dulces, las patatas fritas, las palomitas de maíz, el chocolate, las galletas, los bombones y el turrón te vuelven «gorda y tonta». Esos productos apenas contienen ingredientes importantes para tu salud y frenan el crecimiento de tu organismo, incluido tu cerebro. La circulación corporal envejece, se acumulan grasas, no se tienen ganas de moverse y una se vuelve intelectualmente perezosa y constantemente cansada. Bien seguro, por eso no es necesario renunciar totalmente a esos alimentos. De vez en cuando, está permitido un trozo de tarta o unos cacahuetes.

Alimentarse de forma equilibrada, sana y apetitosa no es realmente difícil. No es necesario arrojarse sobre alimentos especiales o fabricados en laboratorio. Solamente hay que seguir una regla: alimentarse de la forma más variada y sana posible. Comer lo más posible comidas variadas y que han sido preparadas frescas y no cocidas. En tiempos remotos, la gente se alimentaba principalmente de plantas, raíces y cereales. Así sus huesos eran resistentes y sus músculos fuertes. Apenas si había carne, la grasa comedida y los dulces inexistentes. Los alimentos preparados industrialmente y transformados numerosas veces, hasta el punto de no reconocerlos, a los que se han añadido aditivos perjudiciales, evidentemente no existían.

Los cereales, ya sea en forma de pan fresco, pastas integrales o müsli, contienen casi todo lo que el ser humano necesita para vivir: proteínas, almidones, agua, grasas, fibra, sales minerales y las vitaminas esenciales. Las legumbres secas, las patatas y las frutas contienen también grandes cantidades de elementos nutritivos. Si tú te alimentas de estos productos, no debes temer carencias. Es necesario prescindir, en lo posible, de las carnes, de la grasa y del azúcar.

Quizás digas que no te gustan las legumbres y los otros alimentos sanos, pero debes admitir que la gente no se esfuerza en preparar esos alimentos de forma apetitosa. Lo que tú comes depende más de la forma en la que te los presentan que del alimento en sí. Es evidente que las legumbres hervidas no son muy apetitosas.

Quizá puedes pedir en casa que se coman más ensaladas y productos crudos, de vez en cuando un plato de legumbres y verduras o de cereales completos, que todavía no conoces bien. Si añades nata fresca, mantequilla, hierbas aromáticas, especias, vinagre y aceite vegetal conseguirás una comida excelente. También es muy importante beber mucha agua o tisanas y también leche, que es importante para la formación de los huesos.

La belleza y la salud de la piel, de los cabellos y de las uñas dependen en gran parte de una alimentación equilibrada y completa, de la que puedas retener todo lo que es importante para el organismo. Los elementos necesarios para la formación de las células y para su funcionamiento son transportados a través de vasos sanguíneos muy finos hacia las células correspondientes. Ciertas sustancias nutritivas dependen unas de otras y no son eficaces mientras no coincidan. Es por eso por lo que es importante equilibrar los alimentos.

La piel representa una parte importante del sistema de depuración del cuerpo. Millones de glándulas sebáceas y sudoríparas eliminan constantemente las toxinas. Si la piel está mal irrigada, de forma que las glándulas estén obstruidas, todo el organismo sufre. La sustancia básica, absolutamente necesaria para la piel, los cabellos y las uñas es la proteína. La leche, los cereales, las patatas y muchas legumbres contienen grandes cantidades de buenas proteínas. El cuerpo también tiene necesidad de algo de grasa, para la distribución de las vitaminas, que son esenciales para tener una piel bella. Las proteínas son las responsables de que el metabolismo de la piel funcione sin alteraciones. Las vitaminas A, B, C y E son las más importantes para la piel. Para que la piel se mantenga bella y limpia necesita también oxígeno. Los masajes, las fricciones con un guante de crin o una esponja dura, la sauna, las duchas calientes/frías, así como el movimiento aceleran la circulación, que transporta más oxígeno hacia las células de la piel.

Una función intestinal regular es también muy importante para el aspecto. Comiendo equilibradamente, el intestino funciona mucho mejor, ya que las verduras, los cereales, las frutas, las legumbres y las patatas contienen mucha fibra. Las fibras son sustancias que no son digeridas por el estómago, pero que lo llenan, dando una sensación de saciedad, y no te hacen engordar. El aparato digestivo está ocupado durante mucho tiempo en transportar esos elementos fuera del cuerpo, con lo que, a la vez, son evacuados otros desechos y toxinas que se encuentran en su camino. Eso exige un esfuerzo del intestino, lo que le mantiene en forma.

Si el equilibrio en la alimentación funciona, no es necesario prescindir totalmente de tus comidas preferidas. Si comes muchas legumbres y preparados a base de cereales completos, seguro que también puedes disfrutar, de vez en cuando, de un trozo de tarta o de una ración de patatas fritas. Puedes utilizar el siguiente truco: cuando comas patatas fritas, acompáñalas de una ensalada, renuncia a la mayonesa y, en lugar de coca-cola, bebe un vaso de zumo o de leche. Si has desayunado müsli, preparado de forma natural, estás en el buen camino.

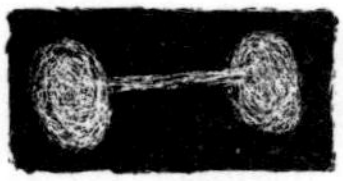

¿Qué puedo hacer para eliminar mi acné?

La piel no sólo nos protege de las agresiones exteriores sino que también es un reflejo de nuestra alma. Nos muestra cómo nos sentimos: está espléndida cuando somos felices, enrojece si somos tímidos o nos sentimos avergonzados, palidece si tenemos miedo. Se dice de la gente sensible que tiene una sensibilidad a «flor de piel» y de las personas más resistentes que su «piel es de elefante». Una piel joven, lisa y limpia es el reflejo de alguien feliz y alegre; en definitiva, que se siente «bien en su piel». Es por eso por lo que nuestros sentimientos nos «atraviesan la piel».

En la pubertad, período en el que se quiere estar bien ante el otro sexo, la piel se niega con frecuencia a desempeñar su papel, lo que se manifiesta en impurezas, granos, puntos negros y acné. Eso sucede, en parte, debido al hecho de que tu cuerpo comienza a producir hormonas sexuales. Y no sólo las dos hormonas sexuales femeninas (estrógeno y progesterona), sino también algunas hormonas masculinas (testosterona). Es así en todas las mujeres. En la pubertad, las hormonas femeninas y masculinas todavía no han encontrado su verdadero equilibrio, la una con respecto a la otra, lo que se traduce en una piel menos limpia y en la aparición de algo de pelusa sobre el labio superior y en las piernas. También en los chicos se forma estrógeno, lo que al comienzo de la pubertad puede provocar una hinchazón de los pechos. A causa de ese desequilibrio, la producción sebácea en la superficie de la piel aumenta, obstruyendo los poros que, como consecuencia, pueden infectarse. Después de un tiempo, se restablece el equilibrio, como muy tarde al final de la pubertad. ¡Prácticamente nadie ha pasado de la infancia a un estado adulto sin haber tenido granos en la pubertad!

Los problemas de la piel se pueden reducir a través de una higiene correcta, una alimentación sana, dormir suficientes horas y hacer mucho ejercicio físico. Es importante no reventar una misma los granos, ya que pueden quedar cicatrices para toda la vida. Es normal que esto influya en tu estado de ánimo. Y está muy mal reírse de otros jóvenes porque su piel no está limpia, ya que, a esa edad, nadie es responsable del estado de su piel. Y no te debes dejar influir por la publicidad que se ve en la televisión o en las revistas sobre cosméticos contra los granos y el acné, porque promete mucho más de lo que puede conseguir.

Precisamente sobre el acné, existe una cantidad de persistentes prejuicios: el acné no es provocado por determinados alimentos, aunque sí se agrava como consecuencia de una mala alimentación. Tampoco tiene nada que ver con una falta de limpieza o higiene corporal, aunque sea importante limpiar cuidadosamente la piel y tratarla en caso de acné.

En general, los jóvenes tienen una piel bastante grasa. Si éste es tu caso, evita los cosméticos grasos. Los productos caros no son necesariamente los mejores. Para lavarte, utiliza agua tibia y jabón no alcalino o una crema suave de limpieza. A continuación, puedes aplicarte en el rostro, con ayuda de un algodón, un tónico para el cutis, preferentemente sin alcohol ni perfume. De vez en cuando, puedes utilizar productos que contengan partículas como salvado de almendras, sobre todo en el caso de que los poros estén infectados y tengas una piel grasa y mixta y siempre y cuando no haya inflamación. Por la mañana y por la noche, puedes frotar tu cuerpo con una crema hidratante.

Si te revientas granos infectados, aumentará la inflamación. Sólo aquellos granos que tienen aspecto amarillento, de pus, pueden ser reventados, sin olvidarte de envolver tus dedos en un pañuelo limpio de papel. Inmediatamente después, desinfecta esos granos abiertos con alcohol o con una solución antibacteriana, que se vende en farmacias o puede ser recetada por tu médico, para eliminar los gérmenes. Puedes encubrir el enrojecimiento de la piel con un lápiz de maquillaje color piel.

Si verdaderamente tienes muchos problemas con tu piel, será necesario que vayas a una buena *esthéticienne*, no tiene nada que ver con el maquillaje y no es muy caro. Además, las *esthéticiennes* están preparadas para tratar y sanar la piel y eliminar los granos. Te resultará, de todas formas, menos caro y será más eficaz que comprar continuamente productos que no tienen ningún efecto. Y muchas *esthéticiennes* utilizan productos naturales.

Si los problemas persisten, es preferible que consultes a un dermatólogo. Hay una serie de medicamentos nuevos y eficaces con los que podrá ayudarte. Por lo general, es suficiente un poco de paciencia para conseguir nuevamente una piel sana.

A las chicas jóvenes con problemas dermatológicos se les receta, a veces, preparados a base de hormonas. Eso no es recomendable más que en casos extremos, ya que tales medicamentos tienen efectos secundarios sobre el organismo.

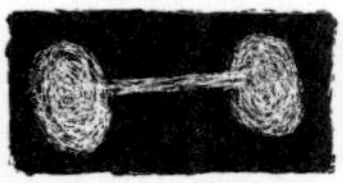

¿Por qué me da asco la comida?

Actualmente, algunas chicas sufren trastornos con respecto a la alimentación, pero aún hay más chicas que son excesivamente delgadas. Lógicamente, las personas son muy diferentes por naturaleza: hay algunas que tienden a ser muy delgadas y otras, por el contrario, que engordan enseguida. Sin embargo, muchas creen que es más moderno el estar delgadas e intentan adelgazar, cueste lo que cueste, hasta conseguir las medidas ideales. En una cultura en que la mujer delgada es considerada atractiva y deseable, las chicas con poca seguridad en sí mismas intentarán responder a ese ideal por medio de severas dietas de adelgazamiento. Pero las dietas no son adecuadas para eso, ya que no sólo enferman, sino que, al final, también engordan (más al respecto en página 175).

Un problema especial en las chicas jóvenes puede ser la anorexia, que es una alteración muy grave de la alimentación y que pone en peligro la vida. La anorexia se apoya en el temor desmedido de volverse gorda, detrás del cual se esconden con frecuencia otros temores. Las chicas anoréxicas prefieren morirse a estar gordas.

Reducen casi totalmente la comida, algunas frecuentemente en secreto. Otras, por el contrario, sufren auténticos ataques de glotonería, aunque vomitan la comida inmediatamente después de haberla ingerido. Eso se conoce con el nombre de bulimia. Ocurre con frecuencia que ni la familia ni las amigas se dan cuenta de que se trata de una enfermedad.

Las causas de la anorexia y de la bulimia son muchas. No se desarrollan de hoy para mañana, sino que se gestan lentamente. Frecuentemente, se trata de un medio de protesta contra el mundo adulto. También se cree que, a través de esta enfermedad, puede aflorar un determinado conflicto entre madre e hija. Quizá la hija no quiere parecerse a su madre. Para estas chicas, la madurez física y mental resulta inimaginable. Prefieren continuar siendo niñas y seguir teniendo aspecto de tales. Para ellas, la pubertad es una constante amenaza, sobre todo porque despierta la sexualidad.

La anorexia es una enfermedad muy grave. Como la

chica no recibe suficientes vitaminas y sustancias minerales, el cuerpo no se alimenta suficientemente, se destruyen los tejidos, se consume el cuerpo, la regla y otros signos del desarrollo físico no se presentan. El esqueleto puede ser atacado de tal forma que queden daños para siempre. Si no se hace nada en contra la anorexia conduce, tarde o temprano, a la muerte.

Las chicas anoréxicas no se consideran enfermas, aunque necesitan urgentemente ayuda, ya que sus vidas están en peligro. Por lo general la iniciativa para un tratamiento médico parte de sus padres, pero también de sus amigas. Lo mejor es consultar con un pediatra, con un médico de familia o con personas especializadas.

Para una chica anoréxica, es muy importante recibir tratamiento psicológico. Pero para ello, primero tiene que reconocer y aceptar que algo no está bien en ella. A veces, si ha adelgazado hasta el extremo de poner en peligro su vida, la chica anoréxica tiene que ser hospitalizada. Sin embargo, no se curará con una alimentación forzada. Se tarda mucho tiempo y se necesita mucha paciencia hasta que la chica recupere la seguridad en sí misma, de forma que pueda mirar el futuro con optimismo.

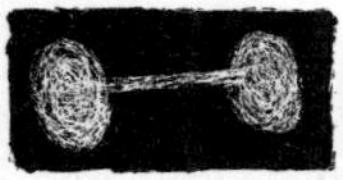

¿Estoy demasiado gorda?

Cada generación tiene su propia idea de cómo debe ser el cuerpo perfecto. Hace treinta años, la figura ideal era rellenita y con las formas bien marcadas. Hoy es esbelta y fibrosa. Muchas mujeres intentan orientarse por ese ideal, pero el cuerpo no participa porque es más sabio que nosotras.

Durante mucho tiempo, se ha pensado que había algo así como un peso ideal. Eso significa que dos personas de la misma estatura, tendrían que tener también el mismo peso. Según esa teoría las personas tenían que ser superdelgadas, ya que se pensaba que ésa sería también la mejor condición para una larga salud. Como quiera que son muy pocas las personas que tienen ese peso ideal, se inventan un montón de dietas con las que poder conseguirlo.

Sin embargo, muchas de esas dietas son perjudiciales para la salud porque, por ejemplo, sólo permiten comer determinadas cosas, como pan tostado, con lo que el cuerpo no tiene acceso a las sustancias nutritivas vitales para vivir. Hoy se sabe aún más: la dieta no sólo enferma, sino que, a la larga, engorda. Cuanto con mayor frecuencia se haga dieta, más se engordará. Por su parte, el cuerpo, desinteresándose de la dieta, intenta mantener su peso personal, con el que una mejor se siente. Probablemente, ése sea también el peso más sano, que se encuentra por encima del peso que se presenta como ideal. Al principio, el peso oscila, pero en cuanto una dieta es interrumpida, se dispara hacia arriba. Eso se conoce como el efecto yo-yo, el arriba y abajo de los kilos. Las continuas oscilaciones entre gordura y flaqueza terminan alterando persistentemente el metabolismo, su equilibrio. Finalmente, el cuerpo ya no reacciona a una dieta, independientemente de cómo haya sido elaborada. El cuerpo defiende sus kilos rebajando el llamado mínimo vital, esto es, la cantidad mínima de calorías que una persona necesita aunque no haga nada, pues tu organismo está siempre ocupado, independientemente de que estés acostada en la cama, trabajes físicamente o cantes en el coro del colegio. Como quiera que las calorías procedentes de la comida son quemadas sencillamente de forma más lenta, el cuerpo se aferra a sus reservas de grasa, como si se tratara de su vida en las antiguas epidemias de hambre. Así, puede suceder que incluso engordes algo.

Esos «michelines» tienen, en realidad, mucho sentido, pues nos protegen de morir de hambre en caso de emergencia. Así, por ejemplo, las redondeces en la mujer están provistas como acumuladoras de energía para el caso de un embarazo. Así que una figura algo redonda es mucho más sana.

La mayoría de las chicas y mujeres que quieren adelgazar luchan, en realidad, contra unos pocos kilos ya que por lo general, son muy delgadas. Naturalmente, puede ser que alguna tenga realmente demasiado peso y es mejor, más sano, perder algunos kilos. Pero para eso no ayuda ninguna dieta sino solamente una alimentación equilibrada, con muchos cereales, legumbres y mucho ejercicio físico. La persona que tome esa alimentación sana, en cantidades algo inferiores a las normales, y practique deporte conseguirá despacio pero segura las medidas correctas. Con esa forma de alimentación no tendrá ningún problema para mantener el peso.

¿Debo lavarme con más frecuencia durante la regla?

De cualquier forma, hay que lavarse muy regularmente. Por desgracia los adultos no siempre son el mejor ejemplo y con frecuencia, la ropa de moda esconde una realidad más que dudosa. Es muy importante, por ejemplo, que cuando se ha ido al wáter nos lavemos las manos para evitar que los gérmenes procedentes del intestino se introduzcan en la vagina. Si alguien pasa bastante tiempo fuera de casa es bueno que lleve consigo toallitas destinadas a la higiene íntima, lo que permite refrescarse sin problemas, sobre todo durante los días calurosos. Es necesario lavarse cuidadosamente las partes íntimas por la mañana y por la noche, pero los *sprays* y otras cremas son innecesarias. Además pueden provocar irritaciones e infecciones.

La vagina tiene su propio sistema de higiene que la protege de infecciones. Contiene bacterias útiles que mantienen un clima ácido que no permite a los agentes infecciosos multiplicarse. Y esa protección natural se reduce si se lava la vagina con un jabón demasiado fuerte.

Si quieres lavarte con más frecuencia durante la regla, hazlo. La sangre que sale es absolutamente inodora. Sólo después de un cierto tiempo, cuando se queda pegada en el vello púbico, puede descomponerse por los efectos del aire. Las chicas y las mujeres que utilizan compresas tienen la sensación de que necesitan lavarse con más frecuencia.

La ropa interior debe ser ligera y aireada, preferentemente de algodón. Todo lo que apriete o retenga el calor y la humedad cambia o refuerza los olores y permite la proliferación de bacterias nocivas. En la zona de los labios de la vulva, hay muchas glándulas que segregan olores, teniendo como fin aumentar la fuerza de atracción de la mujer. Y expelen un olor apenas perceptible, pero que tiene un efecto estimulante en el hombre.

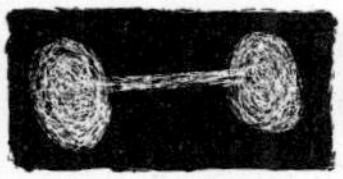

¿Cuál es la mejor protección durante la regla?

Lo importante es escoger una protección eficaz, pero que, igualmente, permita a la mujer sentirse libre en sus movimientos. Contrariamente a hace unos años, las chicas pueden utilizar todo lo que ellas quieran: compresas, tampones o combinar los dos métodos, según la necesidad del momento.

Existe una oferta enorme de compresas, de tallas y formas, para las reglas abundantes y para las normales. La mayoría vienen empaquetadas individualmente y envueltas discretamente, de forma que se pueden guardar fácilmente en el bolso. Todas están provistas de una capa de protección de materia sintética, que debe impedir que la sangre pase a la ropa interior. La frecuencia en el cambio de las compresas es una elección individual que depende, en parte, de la abundancia de las hemorragias y de la comodidad personal. Cada una debe encontrar su ritmo. Las compresas se colocan delante de la vagina. Son las preferidas por muchas mujeres, ya que permiten a la sangre salir libremente.

Los tampones son especialmente apreciados porque se llevan dentro de la vagina, no se sienten y permiten una libertad de movimientos total y hacer deporte. No hay ninguna razón válida que impida a una chica joven utilizarlos. El himen, que cierra la entrada de la vagina, tiene un orificio extensible en el medio, que permite dejar pasar sin problemas el tampón. Y en muchas chicas jóvenes, el himen se ha desgarrado durante la niñez jugando, corriendo o practicando deporte.

Sin embargo, muchas tienen dificultades al introducir el tampón, ya que no dan con la entrada de la vagina. Resulta útil consultar el modo de empleo que se adjunta en los envases y fijarse en los dibujos que muestran cómo se hace. Lo mejor es colocar una pierna sobre un taburete o agacharse. Las primeras veces, utiliza preferentemente minitampones.

El pequeño tamaño de los tampones les permite ser discretos y fáciles de manipular. Un tampón tiene la forma de una tira de algodón, enrollada en sí misma, y un hilo en un extremo que permite retirarlo de la vagina. Muchos vienen acompañados de un aplicador. Los tampones son muy absorbentes y pueden retener mucha sangre. El tamaño no está en función del tamaño de la vagina, sino en la abundancia de la regla. Se pueden utilizar pequeños al comienzo y al final de la regla y más gruesos para los días del medio. En caso de reglas muy abundantes, o por la noche, se pueden usar compresas. No es necesario cambiar el tampón con demasiada frecuencia, ni tampoco cada mucho tiempo. Si se saca cuando no ha absorbido suficiente sangre, puede irritar los sensibles tabiques de la vagina. No se debe llevar puesto el mismo más de 8 o 10 horas. Si tú prefieres cambiarlo con más frecuencia, escoge un modelo más pequeño. Se llenará más rápidamente y podrás sacarlo con más facilidad.

¿Qué hacer para que mis dientes sean bonitos?

Tener dientes bonitos y sanos es absolutamente necesario si se quiere tener buen aspecto. Para ello, hay que limpiárselos cuidadosamente y con regularidad. Las caries se han convertido en una de las enfermedades corrientes. Ocho de cada diez niños tienen ya agujeros en sus dientes. Pero también es una enfermedad evitable, ya que el hecho de limpiarlos regularmente permite su prevención: un diente limpio no enferma.

Las bacterias que se encuentran en la boca forman, si no se cepillan bien los dientes, una capa de suciedad, la placa de sarro. Si además esas bacterias reciben muchos azúcares como alimento, se formará una gran cantidad de ácidos, ácidos que atacan los dientes. Los científicos han comprobado que los dientes son atacados por los ácidos ya diez minutos después de haber comido un trozo de chocolate, un caramelo o un bombón. Otros alimentos, por el contrario, como por ejemplo, frutas, pan o patatas, son degradados tan lentamente que sus ácidos tienen tiempo de ser eliminados por la saliva. Consiguientemente hay que lavarse los dientes inmediatamente después de haber comido, especialmente si son cosas dulces.

Sería necesario lavarse los dientes después de cada comida y, al menos, durante cinco minutos, por las mañanas, al mediodía y por las noches, antes de irse a la cama. Ese espacio de tiempo parecerá menos largo si se pone la radio o se escucha una cinta mientras una se cepilla los dientes. En la farmacia encontrarás comprimidos que te permitirán constatar si te has lavado bien los dientes. Esos comprimidos colorean la placa que no se ha eliminado con el cepillo. Así puedes comprobar que tus dientes están verdaderamente limpios. Para el espacio entre los dientes es mejor utilizar un hilo dental o enjuagarse la boca con un preparado adecuado. Muchos dentistas recomiendan a sus pacientes chicles especialmente elaborados para luchar contra la caries.

Mientras se mastican, aumenta la cantidad de saliva. Las sustancias contenidas en la saliva suprimen los ácidos que se forman a causa del azúcar y otros hidratos de carbono. Y los restos de calcio y de fósforo presentes en la saliva refuerzan simultáneamente el esmalte de los dientes. El chicle, evidentemente, no debe contener azúcar y tiene que masticarse, al menos, durante veinte minutos.

Es muy raro que la naturaleza nos proporcione dientes tan blancos como las perlas y bien alineados. Si están mal colocados, la ortodoncia los vuelve a una alineación correcta, los separa o, por el contrario, los aproxima. Existen numerosos métodos para recolocarlos correctamente. Existen técnicas modernas, procedentes de EE.UU., que permiten corregir pequeños defectos, como los pequeños espacios entre los dientes, mejorar el color, arreglar una esquina rota o la diferencia de tamaño entre unos dientes y otros. Se untan los dientes con una materia sintética que al secarse se confunde con ellos. De esa manera, los dientes pueden ser ajustados o corregidos en su color. No es necesario limarlos para proceder a este tratamiento, que es además indoloro y que conviene perfectamente a los jóvenes.

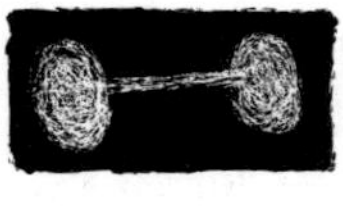

¿Es realmente necesario dormir ocho horas?

Cada persona tiene su propio ritmo de sueño. A algunas les basta con seis horas y otras necesitan diez. Pero para la mayoría de la gente las ocho horas es una duración ideal. El ritmo despierta-dormida es conducido por un reloj interno, dirigido biológicamente. Durante la noche, la temperatura del cuerpo baja, el pulso se ralentiza y la tensión arterial desciende, la respiración es menos rápida, el intestino es más activo, se dilatan los vasos sanguíneos de la piel y el metabolismo se hace más lentamente. Es así como el cuerpo reposa. Sobre todo es el cerebro el que necesita reposo y es por eso por lo que las alteraciones del sueño influyen tanto en la psique. Si una despierta con frecuencia durante la noche o no consigue dormirse, por la mañana se siente cansada y de mal humor, apática. La piel del rostro es la que más sufre. El hecho de dormir insuficientemente o mal, acelera el envejecimiento de la piel. Es un proceso complicado el que regula este fenómeno. En efecto, la secreción de hormonas aumenta durante la noche. En los jóvenes se produce la secreción de las hormonas del crecimiento hasta la una de la madrugada. Y como quiera que son liberadas durante la fase del sueño profundo al comienzo de la noche, dormir ya a esas horas nos hace más bellas, más altas y nos rejuvenece.

Las hormonas que activan el sistema inmunitario son también activas durante la noche. Las células del cuerpo se recuperan para la jornada siguiente. Quien se acuesta pronto y se duerme enseguida es esencialmente más activa, raramente enferma y tiene un aspecto más joven. A quien debe trabajar intensamente en un momento determinado, por ejemplo para exámenes, le resultará más provechoso irse a dormir más temprano y levantarse antes por la mañana.

Algunos jóvenes sufren perturbaciones del sueño. Eso proviene, en parte, del hecho de que vivimos en un mundo hiperactivo, donde es muy difícil pararse, desconectar y donde no tomamos en serio el dormir.

Los ruidos, sobre todo si son agudos, una luminosidad demasiado fuerte o, por el contrario, una oscuridad total pueden también impedir conciliar el sueño. Un colchón inadecuado, una habitación demasiado calurosa (no debe sobrepasar los 16-18 grados), un aire demasiado seco, todo eso perjudica el descanso. Eventualmente, intenta echar unas gotas de una esencia relajante en un recipiente lleno de agua y colócalo en la habitación. Eso mejorará la atmósfera que respiras.

Si mantienes el mismo ritual para acostarte, te puede ayudar a dormir. Escribir algunas líneas en tu diario íntimo, por ejemplo, para cerrar una dura jornada. Y degustar a continuación una infusión relajante, escuchar un poco de música, leer un rato. Beber un vaso de leche caliente activa las sustancias que facilitan el sueño. Tés o tisanas como la árnica, el lúpulo, la valeriana, el muérdago y el espliego son también relajantes. Un buen baño perfumado con esencias de aceites cansa verdaderamente. Por el contrario, el alcohol y los cigarrillos actúan como excitantes.

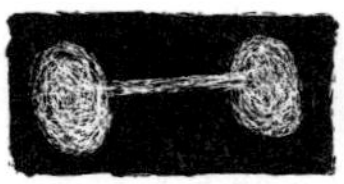

¿Qué actitud debo tener ante las drogas?

Vivimos en una sociedad donde las drogas están casi tan presentes como el beber y el comer. Hablo de las drogas naturales como los medicamentos fabricados a partir de las plantas o de sustancias animales, el café, el té y las bebidas a base de cola. Se pueden añadir las drogas sintéticas, como la nicotina y muchos medicamentos. Todas ellas tienen una influencia sobre el sistema nervioso y casi todas te crean dependencia. La persona que ha comenzado a tomarlas encontrará grandes dificultades para dejarlas.

Siguiendo el mal ejemplo dado por muchos adultos, los jóvenes también las prueban. Las drogas que más destacan son el alcohol, el tabaco y los medicamentos, pues son empleadas por un gran número de personas. El consumo de alcohol entre los jóvenes aumenta constantemente, ya que es una forma bastante barata de conocer, aparentemente, sensaciones agradables. Hay incluso concursos donde todo el mundo puede probar cuánto alcohol es capaz de beber. El alcohol hace que desaparezcan las inhibiciones naturales de las personas, nubla el cerebro y empuja a comportamientos criminales. Además, el alcohol tiene una acción duradera, a largo plazo, sobre el cuerpo pues ataca el hígado. Pero antes de eso, el cerebro está tan dañado que la persona que bebe mucho está «tocada de arriba». El problema del alcohol es ajustarse a una determinada dosis. El pequeño vaso de vino para sellar una amistad es para los adultos más bien un placer y puede ser algo agradable.

No hay realmente ningún argumento positivo que se pueda encontrar a favor del tabaco. Fumar es, a nivel mundial, una de las principales causas de muerte prematura. En un solo cigarrillo hay, al menos, 50 agentes cancerígenos. Las consecuencias más conocidas son el cáncer de pulmón y laringe. Fumar también incrementa el riesgo de enfermar de otra clase de tumores malignos, desde la lengua hasta el estómago, desde el útero hasta la vesícula. Daña la totalidad del organismo, puede convertirte en estéril. Cuanto más joven se comienza a fumar, más temible y probable será la aparición de enfermedades. En las chicas, fumar puede conducir a la ausencia de la regla y a un deterioro del esqueleto.

Muchas personas necesitan píldoras para dormir, para tranquilizarse, para combatir el dolor, para mantenerse en forma o para soportar el decepcionante cada día.

Las pastillas tienen muchos efectos secundarios, pueden hacerte dependiente, dañar el hígado y el sistema nervioso, pero también el estómago, el intestino y los riñones.

Las drogas todavía más peligrosas son los diferentes estupefacientes como la cocaína o la heroína. Sus efectos son particularmente destructivos, entre los que se encuentran vómitos, alucinaciones, depresiones, enfermedades de la sangre, alteraciones psíquicas, infecciones del hígado, ausencia de la regla, esterilidad y atrofia de huesos. El riesgo de contagiarse del sida es mucho más elevado entre los drogadictos, sobre todo si utilizan la misma aguja para picarse o se prostituyen para conseguir drogas. Los drogadictos son incapaces de llevar una vida normal. Solamente tienen una idea en la cabeza, la de conseguir el dinero necesario para el pico siguiente, para el porro siguiente. Para encontrar ese dinero, con frecuencia tienen que pasar por la prostitución o por actos criminales. La degradación de esas personas es particularmente evidente.

Al principio, la droga proporciona sensaciones agradables, como si estuvieras en el «séptimo cielo», pero son sensaciones falsas. El deseo de drogarse viene del deseo de alejarse de lo cotidiano. Por eso, el consumo de drogas atrae a personas que viven en condiciones difíciles. Los que se drogan proceden frecuentemente de familias problemáticas.

Los jóvenes a menudo son convencidos por otros para que prueben las drogas. Eso, por lo general, sucede en el seno de un grupo, pero también puede ser propuesto por desconocidos de más edad, algo que tiene que ver con «acostumbrar» a la droga, ya que en el caso de la heroína, por ejemplo, el que lo intenta una sola vez para saber qué sucede y dejarlo seguidamente, no puede hacerlo. Y los traficantes de drogas ganan mucho dinero con la heroína, hay mucho dinero sucio en juego. Algunos adolescentes son tentados por las drogas porque quieren parecer más adultos, así se enganchan a la droga sin darse realmente cuenta.

Quien no quiera destruir su vida, quien quiera mantener el dominio sobre sus sentimientos, tiene que evitar totalmente las drogas. Lo peor es la dependencia psíquica y física, que hace imposible una vida normal. Ninguna droga podrá mejorar tu vida, eso sólo se puede hacer por tu propia voluntad y con la cabeza clara. Hay tantas cosas en la vida que pueden hacerla más bella: la alegría de tener una buena salud, de sentirse bien, de poderse ocupar de una misma, de apasionarse por cosas interesantes; en una palabra, el orgullo de convertirte en una mujer adulta.

Si tienes problemas de droga, busca inmediatamente ayuda. Es prácticamente imposible que tú sola puedas salir de ella. Si verdaderamente tienes voluntad para dejar la droga, lo conseguirás con la ayuda de personas competentes.

Con frecuencia, son antiguos drogadictos los que ayudan a otros a salir, pues ellos saben lo que significa la drogadicción. Si te preocupas por una amiga o un amigo drogadicto, puedes dejarte asesorar. No es ninguna vergüenza ser drogadicto, pero sí lo es no hacer nada para dejar la droga.

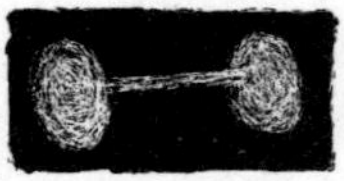

¿Cómo encuentro el deporte que más me conviene?

Merece verdaderamente la pena encontrar una actividad física que te guste. Haciendo deporte, tu cuerpo genera sustancias que le permiten eliminar el estrés y estar de buen humor. Con el deporte y el movimiento, se reducen la inquietud, el desinterés y el abatimiento, a la vez que permiten al cuerpo mantenerse en forma, estar esbelto, ágil y lleno de energía. Las chicas deportivas enferman con menos frecuencia y tienen menos dolores menstruales.

La mayoría de los jóvenes se mueven, por lo general, suficientemente, al menos que hayan nacido cansados. Muchos están en una asociación o club deportivo. También en la escuela, el deporte juega un papel muy importante. Lo ideal sería sudar dos o tres veces a la semana durante media hora haciendo ejercicio físico. Después de hacer deporte, una tiene que sentirse en forma y no agotada. Esto es, hay que dar con la medida correcta. Tampoco se debe exagerar por un mal entendido orgullo. Un entrenamiento demasiado intenso y prolongado puede provocar en chicas jóvenes cambios característicos: cada año de entrenamiento intensivo retrasa en cinco meses el comienzo normal de la regla. Las chicas que hacen gimnasia de forma intensiva tendrán la regla a los 15-16 años en lugar de a los 12-13.

Sin embargo, lo más importante es escoger un deporte o una actividad que te guste y entre en tu planificación cotidiana. ¿Por qué escoger hacer una hora de *footing* si te cuesta dejar la cama por la mañana y no hay un bosque o un parque en las proximidades? ¿Por qué elegir el *body-building* si eso sobrepasa tus posibilidades económicas? ¿Por qué decidirse por la gimnasia si lo que a ti te gusta son los juegos de balón? Decide en relación a lo que tú verdaderamente quieras. Toda clase de deporte te vendrá bien y no tiene por qué ser obligatoriamente caro. Nadar, montar en bici, correr, bailar, hacer piragüismo, te permitirán mantenerte en forma sin que te cueste caro. Y además, si frecuentas un club deportivo o una asociación, tendrás la posibilidad de relacionarte con jóvenes de tu edad y de divertirte con ellos.

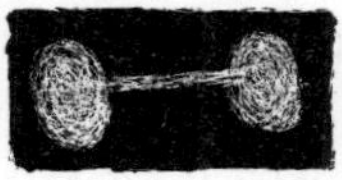

¿Es verdad que es malo tomar baños de sol?

El sol es tan vital para la vida como el aire. Nos pone de buen humor y activa nuestro organismo. Nos gusta estirarnos al sol como los animales y sentir el calor bienhechor extenderse por nuestro cuerpo. La capa de ozono nos protege de la energía solar demasiado fuerte y filtra los rayos masivos. Pero, por culpa de la polución atmosférica, esa capa de ozono se está reduciendo e incluso tiene agujeros, lo que ha provocado que nos sintamos amenazados por el sol. Los daños en la capa de ozono son ya mucho más importantes de lo que se creía hasta hace poco y la amenaza aumenta.

Los rayos ultravioletas, invisibles, penetran en nuestra piel: los rayos ultravioletas B nos ponen morenas y pueden provocar quemaduras. Los rayos ultravioletas A penetran todavía más profundamente, pudiendo provocar arrugas en la piel y dañar los ojos. Esos rayos neutralizan la capacidad que tiene la piel de regenerarse, volviendo ineficaces las células inmunitarias que protegen a la piel del cáncer. Cada baño de sol te acerca al cáncer. Por eso, los médicos aconsejan no tomar más de 30 baños de sol al año. Exponerse al sol durante todo el día no es aconsejable para nadie que ame la vida y quiera mantener una piel atractiva. Incluso para exponerse directamente al sol una docena de minutos, es necesario ponerse una crema protectora.

Según sea el índice de protección de la crema utilizada, mayor será el tiempo que una está protegida. Por cierto: las cremas que se utilizan después de tomar el sol no sirven, pues no prolongan el tiempo de protección. No olvides que los daños causados por el sol son irreparables.

¿Cuándo debo consultar al ginecólogo?

Si no necesitas anticonceptivos o no tienes problemas, tu visita al ginecólogo puede esperar. También pudiera suceder que te gustara recibir información sobre determinadas cosas como, por ejemplo, si estás preocupada porque todavía no te ha bajado la regla. Entonces debes ir. Con una conversación, la médica o el médico puede responder a tus preguntas y tranquilizarte. Para ello, no es necesario un reconocimiento ginecológico. Si tienes un amigo con el que te gustaría tener relaciones sexuales, es preferible que vayas antes a la consulta del ginecólogo.

Las chicas jóvenes que tienen relaciones sexuales con regularidad, deben ir al ginecólogo por lo menos una vez al año. Y si toman la píldora, al menos una vez cada seis meses. Si notas en ti alguno de los problemas mencionados en la lista siguiente, tienes que ir inmediatamente a consultar al médico:

- en caso de picor o flujo vaginal
- en caso de manchas de sangre en las bragas que no tengan que ver con la menstruación
- en caso de dolores en el bajo vientre
- en caso de dolores fuera del período de la regla
- si hay cambios exteriores visibles
- si la regla dura más de 10 días
- si las reglas se suceden en un tiempo demasiado corto
- cuando se pierde demasiada sangre
- en caso de ausencia de la regla durante un tiempo demasiado largo
- si se toma la píldora y aparecen dolores de cabeza o problemas en la vista

Si no has tenido todavía la rubéola, habla también con tu ginecólogo. Si no estás protegida contra una infección de rubéola, pondrás en peligro la vida de tu bebé en caso de embarazo. Por eso, las chicas deben vacunarse muy pronto contra la rubéola.

Para una chica joven, la primera visita al ginecólogo viene unida a una cierta inseguridad, incluso quizá a un cierto temor. Pero eso es innecesario si sabes qué es lo que te espera.

El ginecólogo habla primero con su paciente, pues quiere saber qué operaciones y enfermedades ha tenido y los medicamentos que toma. Se interesa por su evolución física y por sus ciclos. Si ya tiene la regla, intentará saber cuándo la ha tenido la última vez y cuántos días dura. Después de eso, la auscultará, lo que en sí mismo no es doloroso, sobre todo si no se crispa y el médico tiene cuidado. Mira detenidamente el bajo vientre, los labios de la vulva, la vagina y el cuello del útero, palpará los ovarios y el útero. Con un bastoncito de algodón, hace un frotis, para controlar si hay bacterias en la vagina y si las células se desarrollan normalmente. En las mujeres adultas, el ginecólogo palpa además los pechos para detectar posibles alteraciones (cáncer de mama).

No tienes que llevar obligatoriamente contigo a tu madre a la consulta del ginecólogo. Lo importante es que tú tengas confianza. Antes de ir a la consulta de un ginecólogo, deberías informarte de cuál es más recomendable, y quien trata a las chicas jóvenes con más tacto y respeto. Los ginecólogos deben tratar con mucho tacto a las chicas y tomarse tiempo para la consulta. La consulta del ginecólogo también cae bajo la obligación de guardar el secreto profesional.

Sois buenos si estáis de acuerdo
con vosotros mismos.
Sin embargo, si no estáis de acuerdo
con vosotros mismos,
todavía no sois malos.
Sois buenos si anheláis daros a vosotros mismos.
Sin embargo, no sois malos si intentáis
ganar algo para vosotros mismos.
Sois buenos si estáis despiertos en vuestros discursos.
Sin embargo, no sois malos si dormís mientras
vuestra lengua titubea.
E incluso un discurso titubeante
puede fortalecer a una lengua débil.
Sois buenos cuando camináis firmes
y decididos hacia vuestra meta.
Sin embargo, no sois malos si vais cojeando
hacia ella.
Sois de muchas formas buenos y no sois malos
cuando no sois buenos.

El despertar

Tu meta es hacerte adulta y vivir en armonía contigo misma. Y lo que eso significa para ti, sólo lo puedes decidir tú misma. Para tu amiga, la meta puede ser totalmente distinta. Hay muchos caminos que llevan a Roma. Y, por primera vez, eres tú la que decide qué camino vas a seguir. Aunque tú no seas todavía totalmente independiente, tu bienestar físico y sentimental, tu salud y tu futuro profesional se encuentran, en gran parte, ya en tus manos. Simplemente es necesario que estés atenta a tu evolución y cuides de ti misma.

Incluso si tienes con frecuencia la impresión de poder dominar fácilmente todo, no siempre sabrás cómo reaccionar en una situación determinada. Es necesario ser capaz de reconocer los límites propios y evaluar correctamente tu capacidad. La mayoría de nosotras podemos conseguir determinadas cosas y otras, por el contrario, no. Y sucede una y otra vez que una se propone verdaderamente algo, y después no es suficientemente consecuente y perseverante. Todo el mundo tiene sus puntos fuertes y débiles. Lo que es normal, pues si no todo sería demasiado fácil.

Ser consciente de tu fortaleza y de tu debilidad es, a la vez, bello y triste. Es algo de lo que una puede estar orgullosa y algo que quizá no le guste a una. Mientras tú te desarrollas en tu pubertad, quizá todavía no te siente bien tu parte débil. Con el tiempo verás dónde y qué es lo que tú quieres cambiar, pero también aprenderás dónde debes y quieres tener cuidado.

En el momento en que digas: ¡así soy yo y me parece bien! habrás conseguido hacer de tu debilidad una fuerza. El arte de hacerte adulta está en el conocimiento: ¡sé tú misma en todo lo que haces, piensas y sientes! ¡Porque tú eres lo mejor que te han dado en el camino de la vida!

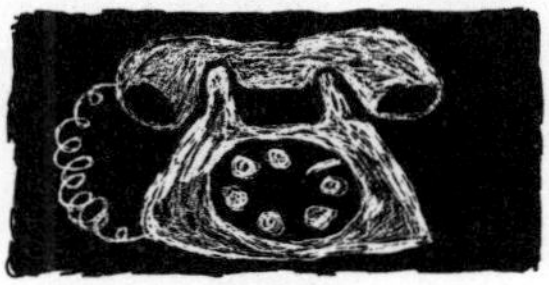

¿Quién puede ayudarme?

Todos los problemas tienen una solución. Existen muchos organismos, asociaciones y grupos de personas dispuestos a ayudarte en cualquier situación.

A continuación encontrarás algunas direcciones y números de teléfono donde te escucharán y ofrecerán consejo si tienes problemas. Hemos indicado algunos teléfonos de línea 900, y en el caso de organizaciones distribuidas por la península, hemos señalado los de algunas ciudades. En todo caso, si llamas a cualquiera de ellos te facilitarán la información que necesites.

Si te sientes triste, sola, deprimida...

El Teléfono de la Esperanza: es una organización que ofrece un servicio anónimo, gratuito y técnico especializado, que no se limita al contacto telefónico, pues si se requiere una atención más precisa, ésta se suministra en los centros en entrevistas individualizadas o grupos de terapia.

Si llamas a cualquiera de los teléfonos indicados a continuación te informarán del teléfono y centro más cercano a tu localidad.

Albacete: 967-50 33 31
Alicante: 965-21 11 22
Asturias: 98-522 55 40
Badajoz: 924-22 29 40
Barcelona: 93-414 48 48
Granada: 958-26 15 16
Huelva: 959-28 15 15
Madrid: 91-459 00 50
Málaga: 952-36 15 00
Murcia: 968-24 11 12
Palma de Mallorca: 971-46 11 12
Pamplona: 948-23 70 58
Sevilla: 954-57 68 69
Valencia: 96-391 60 06
Valladolid: 983-30 70 77
Zaragoza: 976- 23 28 28

El Teléfono del Niño: es una línea gratuita y confidencial que funciona las 24 horas del día. Al otro lado del hilo telefónico encontrarás a un amigo que te puede ayudar a resolver tus problemas.

900-20 20 10

En la *Dirección General del Menor y la Familia* (dependiente del Ministerio de Asuntos Sociales), se facilita ayuda a aquellos menores con problemas familiares de malos tratos, abandono...

91-347 81 09
91-347 81 19

Esta cuestión es gestionada por los organismos de las respectivas comunidades autónomas, por lo que sería conveniente dirigirse a ellas.
Instituto Madrileño de Atención de la Infancia (IMAIN).
c/. Orense, 11, 9.º - 28020 Madrid
Tl. 91-580 47 47

Si has sufrido algún abuso o agresión sexual...

En las Asociaciones de Asistencia a Mujeres Violadas se ofrece terapia de apoyo individualizada (para afectadas y familiares) y ayuda en la tramitación legal de denuncias, entre otras cosas.

En la Federación de Asociaciones de Asistencia a Mujeres Violadas te podrán informar sobre todas las asociaciones que existen en territorio español.
c/. O'Donnell, 42, 28009 Madrid. Tel. 91-574 01 10

A continuación indicamos los teléfonos de las asociaciones federadas de algunas ciudades españolas:
Asturias: 98-535 52 44
Barcelona: 93-231 95 93
Cantabria: 942-21 95 00

Castilla-La Mancha: 967-52 24 52
Castilla-León: 987-23 00 62
Sevilla: 95-466 20 31
Valencia: 96-394 30 69

Si has tenido problemas con alguna secta...

Hasta el momento no se ha creado en ninguna instancia gubernamental, en el Ministerio de Asuntos Sociales o en los departamentos para la juventud de autonomías y ayuntamientos, ningún organismo para la prevención de los peligros y daños que pueden ocasionar algunas sectas. No obstante, existe una asociación no gubernamental, privada, aconfesional, independiente y no religiosa: Pro-juventud.

A continuación indicamos los datos de sus sedes en Madrid y Barcelona:
Madrid: Ronda de Segovia, 34, 4.º C
28005 Madrid. Tel. 91-365 84 41
Barcelona: Aribau, 226
08006 Barcelona. Tel. 93-201 48 86

Si sufres anorexia o bulimia...

Desde las consejerías de Sanidad de las respectivas autonomías te podrán informar sobre los diferentes centros médicos especializados en el tratamiento de estos trastornos. Por otra parte, en Barcelona existe una Asociación Contra la Anorexia y la Bulimia (ACAB), y en Madrid se encuentra la Asociación en Defensa de la Atención a la Anorexia Nerviosa (ADANER); en estas asociaciones te podrán informar exhaustivamente y ayudar tanto a las personas afectadas como a la familia.

ACAB c/. Tuset, 34, pral. A - 08006 Barcelona
Tl. 93-217 61 54

ADANER c/. Mirabel, 17, 5.° D - 28044 Madrid
Tl. 91-504 43 47

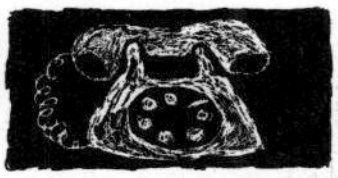

Si tienes problemas con las drogas o el alcohol...

La Fundación de Ayuda contra la Drogadicción (FAD) es una institución establecida a nivel de todo el territorio español, a la que te puedes dirigir con toda confianza para solicitar información y orientación sobre drogas, tratamientos y reinserción. La fundación dispone de un teléfono de consulta gratuito, en el que te podrán informar extensamente sobre la dirección y teléfono de la organización más cercana a tu domicilio:

900-161 15 15

Alcohólicos Anónimos es una asociación extendida por todo el mundo, en la que personas que han conseguido superar su dependencia del alcohol, ayudan a otras que desean superar su adicción.

A continuación indicamos la dirección y el teléfono de la sede central de la asociación, en Avilés, adonde te puedes dirigir para solicitar los datos de la asociación más cercana a tu localidad, y los teléfonos de algunas ciudades españolas:

Sede central de Alcohólicos Anónimos
Apartado de correos, 170, 33400 Avilés (Asturias)
Av. de Alemania, 9, 3.º izqda. 33400 Avilés (Asturias)

Asociaciones en España:
Barcelona: 93-317 77 77
Lugo: 286-42 05 28
Madrid: 91-532 30 30
Valencia: 96-391 71 60
Zaragoza: 976-29 38 35

Si deseas informarte sobre cuestiones sexuales y anticoncepción...

El Instituto de la Mujer, dependiente del Ministerio de Asuntos Sociales, tiene un servicio de información telefónica permanente donde te puedes informar sobre los diferentes centros de planificación, pero adonde también puedes dirigir quejas de discriminación, malos tratos, etc.:

900-19 10 10

También puedes asesorarte en tu centro de salud, en los centros autonómicos o provinciales dedicados a información juvenil y en el ayuntamiento de tu localidad. A continuación indicamos las direcciones y teléfonos de Centros de Anticoncepción y Sexualidad para Jóvenes de algunas ciudades españolas:

Barcelona: c/. de la Granja, 19-21
08024 Barcelona - Tl. (93) 415 10 00

Madrid: c/. San Vicente Ferrer, 86, bajo
28015 Madrid - Tl. (91) 531 66 55

Santiago de Compostela: Rua da Espiñeira, 10, baixo
15076 Santiago de Compostela (La Coruña)
Tl. (981) 59 42 52

Si deseas saber más sobre el sida...

Existen varios teléfonos gratuitos de información sobre el sida.

El Departamento de Sanidad y Seguridad Social (Generalitat de Cataluña), para su *Programa de Prevención y Control del sida* mantiene la siguiente línea:

900-21 22 22

El Comité Ciudadano de Lucha contra el sida de Barcelona ofrece otra línea:

900-20 01 11

En todas las provincias existen asociaciones o comités ciudadanos anti-sida. Llamando a cualquiera de las dos líneas 900 arriba indicadas, o dirigiéndote al centro de información juvenil de tu ayuntamiento o autonomía, te facilitarán la información que solicites.

Esperamos que esta información te sea útil si llegas

a necesitarla. Es posible que en años sucesivos algunos de los teléfonos y direcciones indicados sufran modificaciones. Si así fuera, no dudes en informarte en tu ayuntamiento, en el centro de información juvenil de tu comunidad, o en llamar a los teléfonos correspondientes de cualquiera de las provincias indicadas.

Las citas que encabezan cada capítulo son de Khalil Gibrán

Título de la edición original: *Das Mädchen-Fragebuch*
Traducción del alemán: Mabel Rodríguez,
cedida por Lóguez Ediciones
Diseño e ilustraciones: Eva Mutter

Círculo de Lectores, S.A.
Valencia, 344, 08009 Barcelona
3 5 7 9 6 9 0 2 8 6 4

Licencia editorial para Círculo de Lectores
por cortesía de Lóguez Ediciones.

Depósito legal: B. 585-1996
Fotocomposición: punt groc & associats, s.a., Barcelona
Impresión y encuadernación: Printer industria gráfica, s.a.
N. II, Cuatro caminos s/n, 08620 Sant Vicenç dels Horts
Barcelona, 1996. Impreso en España
ISBN 84-226-5877-1
N.º 21857